Patrick Schollmeyer

Die 40 bekanntesten archäologischen Stätten auf der Peloponnes

Patrick Schollmeyer

Die 40 bekanntesten archäologischen Stätten auf der Peloponnes

Nünnerich-Asmus Verlag & Media

Impressum

176 Seiten mit 105 Abbildungen
Titelabbildung: Oben: Theater von Epidauros; mittig: Nafplion; unten: das Löwentor von Mykene.
© Flickr, Ronny Siegel, CC BY 2.0; © Flickr, Mtale, CC BY 2.0; © Flickr, Christine Wagner, CC BY 2.0.
Frontispiz: Torgebäude aus Epidauros. © KudinAndrii, CC BY-SA 4-0, https://tr.wikipedia.org/wiki/Epidauros#/media/Dosya:KAV_3926_Асклепион,_май_2016.jpg

Bibliografische Information der Deutschen Nationalbibliothek
Die Deutsche Nationalbibliothek verzeichnet diese Publikation in der Deutschen Nationalbibliografie; detaillierte bibliografische Daten sind im Internet über http://dnb.dnb.de abrufbar.

ISBN 978-3-96176-209-5
Lektorat: Tina Sieber
Gestaltung des Titelbildes: Hans Jürgen Wiehr, Mainz
Gestaltung: Bild1Druck GmbH, Berlin

Aus Gründen der besseren Lesbarkeit wird auf die gleichzeitige Verwendung der Sprachformen männlich, weiblich und divers (m/w/d) verzichtet. Sämtliche Personenbezeichnungen gelten gleichermaßen für alle Geschlechter.

Sollte die Publikation Links auf Webseiten Dritter enthalten, so übernehmen wir für deren Inhalt keine Haftung, da wir uns diese nicht zu eigen machen, sondern lediglich auf deren Stand zum Zeitpunkt der Erstveröffentlichung verweisen.

Printed in Europe by Nünnerich-Asmus Verlag & Media
Weitere Titel aus unserem Verlagsprogramm finden Sie unter:
www.na-verlag.de

Nünnerich-Asmus Verlag & Media GmbH, Krämerstraße 25, 55276 Oppenheim am Rhein
E-Mail: verlag@na-verlag.de

INHALT

VORWORT

Dieser kleine Überblick über die ‚40 bekanntesten archäologischen Stätten auf der Peloponnes' erscheint in der mittlerweile bestens etablierten Reiseführer-Reihe des Nünnerich-Asmus-Verlags zeitgleich mit dem Band zu den ‚40 bekanntesten archäologischen Stätten Mittel- und Nordgriechenlands', sodass für beide ein gemeinsames Vorwort geschrieben werden konnte.

Beide Werke wenden sich an ein allgemein interessiertes Reisepublikum, sind also nicht als topographische Handbücher gedacht, die fachwissenschaftlichen Ansprüchen auf Informationsvollständigkeit genügen wollen. Insofern erübrigt sich eigentlich der Hinweis, dass die Leser hier ausschließlich Grundinformationen zu den einzelnen Ausgrabungsstätten finden, die das eigenständige Begehen der Ruinen unterstützen, aber keinesfalls ersetzen sollen. Es sind folglich Sehhinweise, die in der Hoffnung geboten werden, dass die Nutzer dieses Buches ihrer Entdeckungsfreude und Schaulust vor Ort freien Lauf lassen.

Zur Textvorbereitung hat der Autor die in den Lesehinweisen genannten Publikationen und Internetquellen genutzt. Ferner durfte er häufig in Begleitung von Gruppen die genannten Orte besuchen. Die hierbei entstandenen Eindrücke und Erkenntnisse sind ebenfalls in den Text eingeflossen.

Abschließend ist es dem Autor eine angenehme Pflicht, seinen herzlichsten Dank zu sagen der Verlegerin, Frau Annette Nünnerich-Asmus, und ihrem Team, namentlich Frau Tina Sieber, für die geduldige Unterstützung beider Publikationen sowie Frau Angelika Schurzig (JGU Mainz) für die Erstellung vieler Abbildungsvorlagen.

Mainz an Epiphanias 2023

Peloponnes
LOKRIS OZOLIA
PHOK
Ithaka
Echinaden-I.
Oiniadai
Pleuron
Kalydon
Nafpaktos
Elaeus
Doliche
Golf von Patra
Patras
Rhypes
Egio
Sami
Pale
Kephalonia
Cranni
Pronni
Olenia
Dymi
ACHAIA
Kerynia
Leontio
Pharae
Cynaetha
Tritaia
Kyllini
Elis
Pylus
Psophis
Klitoros
Oleni
Zakynthos
ARKAD
ELIS
36
Thelpusa
Letrini
Olympia
34
Heraea
Kyparissischer
Samikon
Gortynia
Lepreum
33
MEGALOPOLIS
39
Phigalia
Lykosure
32
Ira
40
IONISCHES
Golf
Andania
Strophaden
Kyparissia
Belemia
MEER
Messene
Stenyklaros
31
MESSENIEN
Thouria
Prote
Pharae
30
29
Phylos
Sphakteria
Koroni
Abia
Kardamyl
Methoni
Asine
Messenischer
Oinussai-Inseln
MITTELMEER
0 km
10 km
20 km
30 km
40 km

Delphi
Chaironeia
Orchomenos
Lebadea
Koroneia
Antikyra
Haliartos
BÖOTIEN
THEBEN
Tanagra
Delion
CHALKIS
Eritria
EUBÖA
Dystos
Styra
Thespiai
Leuctra
Plataea
Oropos
Rhamnus
Aphidnae
Golf von Korinth
ATTIKA
Decelea
Phyle
Marathon
Pagai
MEGARIS
Acharnai
Eleusi
Pellene
Sikyon
10
2
KORINTH
Lechaion
3
4
5
7
6
Akrokorinth
MEGARA
Pireus
ATHEN
????
Salamis
Brauron
Phleius
9
8
Nemea
Kleonai
7
Saronischer
Orneai
Mykene
AIGINA
Aigina
Thorikos
ARGOS
19
15/16
Midea
Epidaurus
24
18
14
23
Tiryns
Nafplion
20-22
Methana
Golf
Tatrochi
Helena
11
17
Troizen
Belbina
Thyrea
Argolischer
Hermione
KYNOURIA
Hydra
Golf
Sellasia
Prasia
SPARTA
25/26
Pharis
Geronthres
LAKONIEN
Zarakas
Gythio
Epidaurus Limera
Las
Asopos
Lakonischer
Golf
KRETISCHES
MEER
Boneae
KYTHIRA
Kythira

EINFÜHRUNG – INSEL EINES ZERSTÜCKELTEN

Die jeweiligen Öffnungszeiten und Adressen der im Buch behandelten Stätten sowie Museen sind über die folgende Website des zuständigen griechischen Kultusministeriums einfach zu recherchieren und dort stets auf den aktuellen Stand gebracht:

http://odysseus.culture.gr/index_en.html

http://odysseus.culture.gr/a/map/emap.jsp (interaktive Karte, auf der alle Stätten und Museen eingetragen sind)

Für die archäologischen Stätten der Argolis ist sehr hilfreich die Seite:

https://www.argolisculture.gr/de/

Viele Stätten und Museen (insbesondere die größeren von ihnen) verfügen darüber hinaus über eigene Websites, die leicht über eine entsprechende Google-Suche gefunden werden können.

In wörtlicher Übertragung bedeutet Peloponnes Insel des Pelops. Legt man die antiken geomorphologischen Bedingungen zugrunde, müsste man präziser eigentlich von der Halbinsel des Pelops sprechen, da es ja damals am Isthmos von Korinth keinen Kanal gab, die Peloponnes folglich auf dem Landweg, ohne dass eine Brücke notwendig gewesen wäre, noch durchgehend mit der Megaris sowie Attika und damit dem restlichen festländischen Mittel- und Nordgriechenland verbunden war. Namensgebend war der Sohn des Königs Tantalos, der einst furchtbar gegen die Götter gefrevelt hatte. Um ihr Allwissen zu testen, setzte er ihnen das eigene Fleisch und Blut als Speise vor. Hierzu zerstückelte er Pelops. Bis auf Demeter, die verzweifelt über den Raub ihrer Tochter Persephone durch den Unterweltsgott Hades gedankenverloren die ihr servierte Schulter aß, bemerkten die anderen Olympier sofort die grauenhafte Tat. Rasch warfen sie die Teile des ermordeten Pelops in einen Kessel voll eines geheimnisvollen Trankes, und die Schicksalsgöttin Klotho durfte das arme Opfer quicklebendig und nahezu vollständig wieder herausziehen. Den fehlenden Schulterknochen ersetzten die Götter großzügigerweise durch einen aus kostbarem Elfenbein. Den Frevler Tantalos aber stürzten sie in den Tartaros, den tiefsten Teil des Hades hinab und bereiteten ihm dort die sprichwörtlichen Tantalosqualen. Über seinem Haupt ließen sie einen schweren Felsbrocken schweben, der jederzeit herunterfallen und Tantalos zermalmen konnte, sodass dieser in ständiger Todesangst seine Zeit als Büßer verbingen musste. Auch umgaben sie ihn mit einem trinkbaren Gewässer, und in seiner vermeintlichen Reichweite stand ein Baum voll der köstlichsten Früchte. Verspürte Tantalos aber Durst und Hunger, bückte sich folglich, um aus dem Wasser zu trinken, oder streckte seine Hand nach den Früchten aus, so wich beides augenblicklich und er konnte niemals seine Bedürfnisse befriedigen. Obendrein verfluchten die Götter alle Nachkommen des Tantalos. In der Tat hatten die Tantaliden kein schönes Schicksal. Dieses bot dem griechischen Mythos weiteren Erzählstoff. Bei der Behandlung der jeweiligen peloponnesischen Schauplätze wird darauf zurückzukommen sein. Pelops aber machte später in Olympia Karriere (Abb. 1), wovon ebenfalls erst an passender Stelle berichtet werden soll. Die im Gefolge des Vierten Kreuzzuges die Peloponnes erobernden fränkischen Ritter und Venezianer gaben der Landschaft lieber einen neuen Namen. Sie nannten sie nach dem für die Zucht von Seidenraupen wichtigen Maulbeerbaum Morea.

Die Peloponnes steht zu Recht bei den an Archäologie und Kultur Interessierten ganz oben auf der Liste der einschlägigen Ziele in Griechenland.

Das hat seinen Grund darin, dass hier bedeutende Stätten aus allen Epochen der griechischen Geschichte in reicher Zahl vorhanden sind. Selbst diejenigen, die nur die Highlights besichtigen, erleben eine Zeitreise, die sie von der Welt der Mykener des 2. Jts. v. Chr. bis zum Aufstand der Griechen gegen die Osmanen und der anschließenden Gründung eines eigenen Staates im 19. Jh. führt, und entdecken nebenbei noch den Ursprung des modernen Sports sowie den der Kurkliniken.

In chronologischer Hinsicht liegt der Startpunkt in Messenien und in der Argolis. In der Höhle von Franchthi (Argolis) lebten in der Steinzeit die ersten menschlichen Bewohner der Peloponnes. Sie betrieben später Ackerbau und Viehzucht. Dies gilt auch für die im argolischen Lerna lebende Gemeinschaft. Dort entwickelte sich schon am Ende des Neolithikums und in der Frühen Bronzezeit des 3. Jts. v. Chr. zunehmend eine differenzierte Gesellschaft, die offenbar bereits eine hierarchische Ordnung besaß, am Ende der Frühen Bronzezeit aber wie ganz Griechenland eine schwere Krise erlebte. Es dauerte dann im Gegensatz zu Kreta einige Jahrhunderte, bis auch auf dem Festland eine neue kulturelle Blütezeit begann, deren vier wichtigsten Fundorte (Mykene, Tiryns, Iklaina, Pylos) ebenfalls wiederum in der Argolis sowie zusätzlich in Messenien liegen. Nach ihrem ersten Hauptfundort wird sie als mykenisch bezeichnet. Sie war im Grunde genommen die erste wirklich griechische Hochkultur. Die sog. Minoer auf Kreta sind zwar älter, doch wohl noch keine

Abb. 1 Olympia, Ostgiebel des Zeus-Tempels, Zeus mit Oinomaos und Pelops; Olympia, Museum

Abb. 2 Mykenische Linear-B-Tafel; Athen, Nationalmuseum N 7668

Griechen gewesen. Die Mykener aber sprachen eindeutig griechisch. Dies wissen wir seit der Entzifferung kleiner Tontäfelchen durch Michael Ventris und John Chadwick im Jahr 1952, die in der sog. Linear-B-Schrift beschrieben sind (Abb. 2). Sie stammen aus den Archiven der großen Paläste und gerieten dort ins Feuer, wodurch sie dauerhaft gebrannt wurden, als die Gebäude selbst gegen 1200 v. Chr. in einer Katastrophe untergingen. Der Aufstieg der Mykener begann allmählich im 17. Jh. und endete im 11. Jh. v. Chr. Die Gründe sowohl für ihren zunehmenden Erfolg, der im 15. Jh. v. Chr. (1490/1450 v. Chr.) sogar zur Eroberung von Kreta führte, als auch für ihren Untergang werden in der Forschung sehr kontrovers diskutiert. Möglicherweise kontrollierten die Mykener die in den Balkanbereich und nach Nordeuropa führenden Handelswege (Nachschub von Zinn und anderen Edelmetallen aus diesen Gebieten), die für die Minoer von unschätzbarem Wert waren, oder sie verdingten sich als Söldner, oder sie lieferten nach Kreta ausreichend Sklaven, die sie auf ihren festländischen Kriegszügen erbeutet hatten. Vielleicht war es aber auch eine Kombination aller drei sowie weiterer Faktoren, die den mykenischen Machtzuwachs im Laufe des 16. und 15. Jhs. v. Chr. entscheidend begünstigten. Fakt ist jedenfalls, dass diese Gesellschaft ausgesprochen militarisiert und zumindest in der Phase ihrer absoluten Blütezeit im 14. und 13. Jh. v. Chr. stark hierarchisiert war, worüber wiederum die Linear-B-Täfelchen beredt Auskunft geben. Ihr Inhalt ist auf den ersten Blick etwas enttäuschend. Man findet keine diplomatische Korrespondenz wie in den ebenfalls bronzezeitlichen Palastarchiven von Amarna (Pharaonisches Ägypten) oder Hattuscha (Großreich der Hethiter) und auch keine religiösen, historischen oder literarischen Texte. Es sind dagegen nur kurze Verwaltungsnotizen über den Bestand an Gütern, die zum Zeitpunkt des Untergangs der Paläste in diesen lagerten. So knapp diese Informationen gehalten sind – wir erfahren bspw. wieviele Waffen existierten, wer welche Abgaben entrichtete bzw. erhielt u.v.m., verraten sie zwischen den Zeilen doch so einiges über die mykenische Gesellschaft. Ohne sie wüssten wir nicht, dass an der Spitze der Mykener ein absoluter Herrscher stand, der den Titel Wanax trug (wir lesen auch die Titel weiterer Spitzenfunktionäre), und sie bereits viele der Götter verehrten, die seit Homer den Olymp bewohnten. Bis auf wenige Ausnahmen (z. B. Apollon) tauchen ihre Namen als Empfänger von Opfern und sonstigen Gaben in den Täfelchen auf. Die mykenischen Herrscher müssen darüber hinaus bestens in der spätbronzezeitlichen Mittelmeerwelt vernetzt gewesen sein. Sie unterhielten nachweislich Kontakte zu den ägyptischen Pharaonen und den Großkönigen der Hethiter. Ob sie die Herren des Reichs von Aḫḫijawa waren, das in den hethitischen Keilschrifttexten mehrfach genannt wird, ist eine seit den 1920er Jahren heiß diskutierte Frage. Emil Forrer (1894–1986) löste diese Debatte 1924 aus, als er als erster für die Gleichsetzung der homerischen Achaier mit den Aḫḫijawa eintrat. Diese sog. Aḫḫijawa-Frage kann heute nach Meinung vieler Archäologen weitgehend als gelöst betrachtet werden. Forrer hatte aller Wahrscheinlichkeit nach recht. Nicht geklärt ist freilich das Problem, wo denn das Reich der Aḫḫijawa gelegen habe. Die Hethiter wussten es selbst offenbar nicht ganz so genau. Für sie existierte es irgendwo westlich ihrer eigenen Grenze. Damit hängt in gewisser Weise auch die Frage zusammen, ob es einen oder mehrere mykenische Herrscher gegeben hat. In den hethitischen Quellen ist immer nur von einem Herrscher die Rede, der vom hethischen Großkönig sogar eine zeitlang als ranggleich angesehen wurde. Dies scheint aber nicht mit den Realitäten im mykenischen Griechenland übereinzustimmen. Die archäologischen Befunde und bspw. die Tontäfelchen aus dem messenischen Pylos deuten auf das Nebeneinander mehrerer Palastzentren hin, die jeweils über ein größeres Umland verfügten. Ob diese Wanakes sich je einem ‚Oberwanax' untergeordnet haben, kann nicht zweifelsfrei gesagt werden. Homer jedenfalls suggeriert uns dies, indem er den König Agamemnon von Mykene zum Oberbefehlshaber des griechischen Heeres vor Troia macht. Dabei ist jedoch nicht klar, inwiefern der Dichter hier zeitgenössische oder tatsächliche historische Verhältnisse literarisch verarbeitete. Und sich richtig unterordnen oder gar zweitrangig fühlen, war schließlich nicht ganz so die Sache der übrigen in der Ilias vorkommenden homerischen Helden, die zudem alle selbst Herrscher waren.

Die mykenische Kultur ging ab 1200 v. Chr. ihrem Untergang entgegen. Die prächtigen, teils schwer befestigten Residenzen wurden allesamt erobert und gebrandschatzt. Eine gut 150 Jahre dauernde Nachblüte gab es im 12. und bis zur Mitte des 11. Jhs. vor Chr. zwar noch, die sich v. a. in Tiryns gut beobachten lässt, die ganz großen Zeiten waren jedoch vorbei. Offenbar hatten die alten Eliten abgewirtschaftet. Die genauen Gründe für den Untergang ihrer Palastkultur werden in der Forschung bis heute kontrovers diskutiert (fremde Invasoren, Aufstände, innermykenische Machtkämpfe, Naturkatastrophen, durch Klimawandel ausgelöste Hungersnöte u. a.). Ihr Scheitern war aber nur Teil einer die gesamte östliche Mittelmeerwelt erfassende tiefgreifende kulturelle Zäsur. Bis auf Ägypten brachen alle anderen Staaten zusammen. Dieser unter dem Schlagwort ‚Seevölkersturm' firmierende Prozess führte nicht nur zum Verschwinden der Hethiter und Mykener aus der Geschichte, sondern bedingte v. a. einen Verlust an internationalen Kontakten. Abgeschnitten von den nahöstlichen Regionen, ihren (Luxus)gütern und Techniken erlebte die materielle Kultur in Griechenland einen deutlichen Niedergang. Dies betraf insbesondere die kunsthandwerklichen Zweige, die direkt für die Paläste und das erhöhte Repräsentationsbedürfnis ihrer Herren gearbeitet hatten, wie Freskomalerei (Abb. 3), Edelmetallarbeiten, Elfenbeinschnitze-

Abb. 3 Fresko aus dem Palast von Mykene; Athen, Nationalmuseum N 11670

Abb. 4 Kriegervase aus Mykene; Athen, Nationalmuseum N 1246

reien u. a. Das bedeutete aber nicht, dass das aristokratische Leben vollständig zum Erliegen gekommen wäre. Während die Wanakes allerorten ihre Macht verloren, scheinen sich nachrangige regionale Würdenträger durchaus gehalten zu haben, die sich freilich zur Statusdemonstration mit lokal gefertigter Prunkkeramik (verziert mit Kriegsszenen, Wagenfahrt, Jagd) begnügen mussten (Abb. 4). Doch auch diese bescheidenere Welt ging in einem Katastrophenszenario unter. Nach einer recht kurzen als submykenisch bezeichneten Phase (1050–1000 v. Chr.) begannen die sog. Dark Ages bzw. Dunklen Jahrhunderte (1000–700 v. Chr.). Schon der Begriff allein zeigt, wie diese Epoche in der Forschung lange Zeit eingeschätzt worden ist. Allerorten sei die Kultur auf ein deutlich einfacheres Niveau zurückgefallen, und die internationalen Beziehungen wären nahezu vollständig zum Erliegen gekommen. In der Tat haben die damaligen Menschen sich sozial neu organisiert. Statt der mykenischen Paläste entstanden jetzt die für die weitere Entwicklung Griechenlands wichtigen Poleis (Sg. Polis = Stadt), und statt eines mykenischen Wanax dominierten nun mehrere großgrundbesitzende Adelige das politische Geschehen. In kultureller Hinsicht wird der ‚Niedergang' am deutlichsten durch die sich völlig verändernden keramischen Dekorsysteme. Die mykenischen figürlichen Motive werden vollkommen aufgegeben und durch eine strenge geometrische Ornamentik abgelöst, weshalb die Dunklen Jahrhunderte auch mit einem kunsthistorischen Begriff als Geometrische Epoche bezeichnet werden. Erst seit etwa 800 v. Chr. tauchen in der Vasenmalerei erste Tier- und ab ca. 760/750 v. Chr. Menschendarstellungen auf. In dieser Zeit begann zudem die sog. Große Kolonisation, die zunächst zur Gründung griechischer Städte in Unteritalien und auf Sizilien sowie später im Schwarzmeergebiet führte.

Mittlerweile weiß man, dass die Dunklen Jahrhunderte nicht ganz so dunkel wie ursprünglich angenommen waren. Verschiedene neue Grabungsergebnisse zeigen, darunter die sensationellen Erkenntnisse aus Kalapodi, wo der Ausgräber Wolf-Dietrich Niemeier eine nahtlose Kontinuität des dortigen Kultes von der mykenischen bis in die geometrische Zeit nachweisen konnte, dass die kulturelle Zäsur keinen vollständigen Zusammenbruch bedeutete. Es gab augenscheinilich genügend Anknüpfungspunkte. Hierzu gehört die bereits erwähnte Fortdauer der Verehrung der meisten bereits in mykenischer Zeit erwähnten Götter. Auf einer Peloponnesreise kann Kalapodi zwar nicht besichtigt werden, dafür aber Olympia. Hier konnte schon vor einigen Jahren der damalige Ausgräber Helmut Kyrieleis eine nicht minder interessante Entdeckung machen. Offenbar entwickelte sich schon in der protogeometrischen (1000–900 v. Chr.) oder spätestens in der frühgeometrischen (900–850 v. Chr.) Phase an einem älteren bronzezeitlichen Grabtumulus ein Kult, der den Keim für die dortige spätere Verehrung des Heros Pelops legte.

Olympia ist dann zugleich der Ort, an dem sich die Rivalitäten der griechischen Stadtstaaten in der Archaik (700–490/480 v. Chr) und Klassik (490/480–330/320 v. Chr.) anhand der dortigen Votive am deutlichsten nachzeichnen lassen. Im Gegensatz zu Athen blieben von den großen archaischen und klassischen Poleis auf der Peloponnes kaum monumentale Reste übrig. Das im 7. und 6. Jh. führende Korinth wurde bereits 146 v. Chr. von den Römern dem Erdboden gleichgemacht, und auch das ehemals reiche Argos bietet keine nennenswerten Bauzeugnisse aus dieser Zeit. Dies gilt erst recht für Sparta, die einst mächtigste Stadt der Peloponnes, Haupt des bereits Mitte des 6. Jhs. v. Chr. gegründeten Peloponnesischen Bundes. Schon der athenische Staatsmann und Historiker Thukydides wusste im 5. Jh. v. Chr., dass dessen kärglichen Ruinen einst für ungläubiges Staunen sorgen würden. Die bauliche Ausgestaltung der Stadt sei derart beschaffen, dass spätere Generationen niemals einen wahren Eindruck von der machtvollen Größe Spartas erhielten. Gut erhaltene Stadtanlagen aus spätklassischer Phase (400–330/320 v. Chr.) gibt es dagegen auf der Peloponnes. In diesem Zusammenhang sind insbesondere Mantineia, Megalopolis und Messene zu nennen.
Die dauernden innergriechischen Auseinandersetzungen schwächten die griechischen Stadtstaaten schließlich so sehr, dass in der Mitte des 4. Jhs. v. Chr. ein neuer Konkurrent um die Vormachtstellung auf den Plan trat. In der Regierungszeit Philipps II. (reg. 359–336 v. Chr.) rangen die bis dahin als randständige Barbaren geltende Makedonen die griechischen Poleis nieder. Deren Niederlage 338 v. Chr. in der Schlacht beim boiotischen Chaironeia markierte in gewisser Weise eine Zäsur, die von Philipps Sohn Alexander dem Großen (reg. 336–323 v. Chr.) vollendet wurde (Abb. 5). Seine Eroberung des Reiches der persischen Großkönige machte das Griechische auf einen Schlag zur Weltkultur. Die Epoche des Hellenismus (330/320–30 v. Chr.) begann. Anstelle einzelner Stadtstaaten mit ihrem jeweils recht beschränkten Umland dominierten nach dem Tod Alexanders weitgehend große, von Königen regierte Territorialreiche das politische Geschehen. Sie wurden von Dynastien beherrscht, deren Gründer allesamt frühere Gefährten und Generäle Alexanders des Großen gewesen sind. Es waren dies die Könige der Antigoniden (Makedonien und Festlandgriechenland), Ptolemaier (Ägypten) und Seleukiden (Asien). Hinzu kamen die Attaliden (Kleinasien) sowie weitere kleinere Herrscherhäuser. Alle lieferten sich in der Folgezeit erbitterte militärische Auseinandersetzungen, die auch die vielen weiterbestehenden griechischen Poleis in Mitleidenschaft zogen. Anderseits profitierten diese von den vielen königlichen Bau- und Denkmalstiftungen, mit denen die Könige zugleich eine Art antiken Medienkrieg führten. Auch hierfür ist auf der Peloponnes wiederum Olympia das beste Beispiel.

Abb. 5 Alexandermosaik aus Pompeji; Neapel, Nationalmuseum

Die von den zahllosen Konflikten hervorgerufene Schwächung nutzte am Ende die neue aufstrebende Weltmacht Rom geschickt für sich aus. Ab dem Ende des 3. Jhs. v. Chr. vermehrt in die hellenistischen Machtkämpfe involviert, eroberten die Legionen der Stadt am Tiber im Laufe des 2. Jhs. v. Chr. weite Teile des festländischen Griechenlands. So konnte 148 v. Chr. endgültig die Provinz Macedonia/Epirus und 146 v. Chr. die von Achaia eingerichtet werden. Letztere umfasste nahezu die gesamte Peloponnes. Mit welcher Brutalität die Römer dabei vorgingen, zeigt die im gleichen Jahr erfolgte völlige Zerstörung des altehrwürdigen Korinth. Aber auch danach erging es Griechenland nicht wesentlich besser. Weitere Konflikte und Aufstände folgten. Noch schlechter wurde es, als Rom selbst im 1. Jh. v. Chr. einen langen blutigen Bürgerkrieg zu erleiden hatte, der erst mit dem Aufstieg von Gaius Iulius Caesars Adoptivsohn Octavian zum ersten Kaiser des von ihm befriedeten Imperium Romanum gegen 30 v. Chr. endete.

Abb. 6 Herodes Atticus; Paris, Louvre

Roms Präsenz auf der Peloponnes hatte in den letzten beiden Jahrhunderten v. Chr. mehrfach zu Plünderungen geführt. Ganze Schiffsladungen an materiellen Kulturgütern aller Art (u. a. Gemälde, Statuen, kostbare Gefäße) sind damals von den öffentlichen Plätzen sowie aus den Heiligtümern geraubt worden. Noch Kaiser Nero (reg. 54 – 68 n. Chr.) bediente sich auf seiner legendären Griechenlandreise des Jahres 66/67 n. Chr. an den verbliebenen Schätzen. Von diesem Aderlaß erholten sich die griechischen Städte erst im Verlauf des 2. Jhs. n. Chr. Im römischen Senat saßen mehr und mehr Griechen, und der reichste Privatmann der Zeit, Herodes Atticus, war ebenfalls Grieche (Abb. 6). Er besaß auf der Peloponnes nicht nur einen prachtvollen Villensitz (Loukous), sondern finanzierte zahlreiche Großbauten, so in Olympia einen überreich mit Skulpturen geschmückten großen Prunkbrunnen (Nymphaeum). Das beste Zeugnis für diese Renaissance Griechenlands bietet Korinth. Die Stadt ist knapp 100 Jahre nach ihrer Zerstörung im Jahr 44 v. Chr. wiedergegründet worden und erlebte im 1. sowie 2. Jh. n. Chr. einen regelrechten Bauboom. Sie war zeitweise Sitz des römischen Statthalters.

Doch schon im darauffolgenden Jahrhundert verschlechterte sich die Situation wieder. Erste Barbarenstämme aus dem Norden fielen in Griechenland ein. Im Jahr 267 n. Chr. plünderten die Heruler Athen und Olympia. Dies war aber nur der Auftakt für weitere Invasionen, die letztlich in der Spätantike zum Zusammenbruch des Imperium Romanum führten. Durch die von Konstantin dem Großen am 11. Mai 330 n. Chr. vollzogene Verlegung der Hauptstadtfunktion von Rom an den Bosporus, wurde das von ihm unter den Namen Konstantinopel (Stadt des Konstantin) neugründete Byzanz zum zukünftigen Machtzentrum. Fortan wurde die Peloponnes von hier aus beherrscht. Unter den griechischsprachigen Byzantinern, die sich selbst offiziell Rhomaier (Römer) nannten, vollzog sich der Wandel vom heidnischen zum christlichen Imperium. Für die Peloponnes brachte dies einerseits die Zerstörung und Aufgabe vieler alter Heiligtümer, andererseits aber auch den Neubau zahlreicher christlicher Basiliken und Klöster. In diesem Zusammenhang entstand eine byzantinische Bildkultur und architektonische Formensprache, die bis heute in der orthodoxen Kirchenwelt nachlebt.

Diese erste byzantinische Glanzzeit wurde seit dem 6. Jh. (Beginn der Slaweneinfälle) immer wieder durch verschiedene Attacken auswärtiger Feinde gestört, die zeitweise Phasen des Niedergangs hervorriefen. Erst ab dem 9. Jh. n. Chr. konnte Byzanz seine Vormachtstellung wiederherstellen. Ein intensiverer Kirchenbau setzte sogar erst gegen 1100 wieder ein. Diese Periode einer erneuten byzantinischen Blüte im 11. und 12. Jh. endete mit der bis dahin nachhaltigsten Katastrophe. Sie ereignete sich 1204, als unter der Führung von Venedig verschiedene als Franken bezeichnete Ritterheere auf dem Vierten Kreuzzug ins byzantinische Reichsgebiet eindringen, sogar Konstantinopel erobern und dort eine lateinische Herrschaft etablieren konnten. Aus dieser Zeit stammen auf der Peloponnes einige Festungsanlagen. Und im lakonischen Mistras blieb eine ganze byzantinische Stadt mit einem Palast sowie zahlreichen Kirchen und Klöstern, aber auch normaler Wohnbebauung als eine Art byzantinisches Pompeji erhalten, die einen tiefen Einblick in das Leben der Griechen in der Zeit der Nachblüte des byzantinischen Reiches bietet, als Mistras die Hauptstadt einer Sekundogenitur des Kaiserhauses in Konstantinopel war. Nach längeren Auseinandersetzungen hatten folglich am Ende die Byzantiner einstweilen obsiegt, sich damit aber letztlich nur eine vergleichsweise kurze Atempause verschafft. Am 29. Mai 1453 wurde Konstantinopel ein zweites Mal erobert und nun endgültig. Es waren aber nicht westeuropäische Mächte, die damals den endgültigen Triumph über das oströmische Reich davontrugen, sondern die Osmanen. In den Randzonen ihres Machtbereichs mussten die türkischen Eroberer allerdings immer wieder andere Konkurrenten dulden. Dies gilt v. a. für die Peloponnes, wo die Venezianer mächtige Festungen (Nafplion u. a.) erbauten, die noch heute davon künden (Abb. 7).

Abb. 7 Palamidi-Festung, Nafplion

Die Jahrhunderte, in denen anschließend die türkischen Sultane von Istanbul/Konstantinopel aus die Peloponnes/Morea beherrschten, wird von den Reisenden meist vernachlässigt, was sicherlich mit dem bis heute andauernden schlechten Ruf der neuen Oberherren zusammenhängt. Dies entspricht aber nur bedingt der historischen Wahrheit. Die Herrschaft der Osmanen brachte immerhin einige Jahrhunderte weitgehender Stablilität, die die Griechen allerdings – und gerade auf der Peloponnes – mit eigenen Zwistigkeiten (Blutfehden auf der Mani-Halbinsel) verbrachten. Im kulturellen Gedächtnis des modernen Griechenlands hat sich dennoch fest der Topos von der türkischen Unterdrückung festgesetzt, der erst der griechische Befreiungskampf der 1820er und 1830er Jahre ein verdientes Ende bereitet habe. Europäer wie Lord Byron (Abb. 8), der selbst am griechischen Freiheitskampf als Freiwilliger teilnahm und am 19. April 1824 in Mesolonghi verstarb, sowie andere Philhellenen sind nicht schuldlos an dieser Einschätzung, war es doch v. a. diese Gruppe, die nach dem Ende der Napoleonischen Kriege die Werbetrommel für ein militärisches Eingreifen in Griechenland letztlich erfolgreich rührten. Mithilfe zahlreicher europäischer Großmächte gelang es den Griechen dann tatsächlich, zumindest auf der Peloponnes und in Teilen Mittelgriechenlands die türkischen Truppen soweit zu schwächen, dass diese schließlich aufgaben. Die Gründung eines neuen Staates verlief aber alles andere als selbstbestimmt. Die Koalition der Großen dieser Welt einigten sich trotz der Existenz einer ersten Hellenischen Republik (1827–1832) schließlich auf den sehr jungen Prinzen Otto (1815–1867; reg. 1832–1862) aus dem bayrischen Geschlecht der Wittelsbacher, dessen Vater König Ludwig I. von Bayern selbst ein glühender Philhellene war (Abb. 9). Im Gefolge Ottos kamen zahllose bayrische Soldaten und v. a. Beamte ins Land, die hier einen neuen Staat, das Königreich der Hellenen aufbauen sollten. Die Hellenen blieben freilich außen vor. Über ihre Köpfe wurde meist hinwegregiert. Selbst ihre damalige Hauptstadt Nafplion, in der sie 1832 Otto noch begeistert empfangen hatten, wurde bald ihres Ranges beraubt. Berauscht von der antiken Überlieferung übertrug die neue Regierung diese Funktion kurzerhand auf das vollkommen heruntergekommene Athen, das damals nicht mehr als ein ödes Dorf war. Immerhin kann Nafplion sich damit trösten, dass es diesem Umstand die weitgehende Erhaltung seiner schönen klassizistischen Altstadt verdankt, während Athen längst zu einem modernen Betonmoloch geworden ist.

Abb. 8 Lord Byron; London, National Portrait Gallery

Abb. 9 König Otto von Griechenland; Athen, Benaki-Museum

Mittlerweile besinnt sich Griechenland stärker auf sein osmanisches Erbe. Aufmerksame Reisende sollten daher verstärkt auf entsprechende Bauten und darin eingerichtete Museen achten. So bleibt ein Besuch auf der Peloponnes keine einseitige nur auf die beiden glanzvollen Epochen der Antike und des Byzantinischen Mittelalters beschränkte Zeitreise, sondern öffnet weitere Perspektiven auf das nachantike, neuzeitliche Griechenland.

Besuchern der Peloponnes sei bei ihrer Reise empfohlen, dabei den Spuren des Pausanias zu folgen. Dieser wahrscheinlich aus Kleinasien stammende Grieche lebte im 2. Jh. n. Chr. und verfasste in den 170er Jahren eine zehnbändige Beschreibung der wichtigsten griechischen Städte und Heiligtümer, die er wohl alle selbst in den Jahren zuvor besichtigt hatte. Er, der gerne als der antike Baedeker bezeichnet wird, war beileibe nicht der erste antike Reiseschriftsteller, doch ist er der einzige, dessen Text der Nachwelt erhalten blieb. Seine zum Teil sehr ausführlichen Beschreibungen stellen eine einzigartige Quelle dar. Ohne sie wüßten wir vielfach kaum etwas über den einstigen Reichtum der meisten heute eher unscheinbar wirkenden Ruinenstätten. Darüber hinaus hilft uns der Text des Pausanias entscheidend dabei, viele der vor Ort entdeckten Ruinen zu identifizieren. Pausanias lässt seine Rundreise (gr. *periegesis*) in Attika und Athen (Buch I) starten. Danach besucht er die Megaris (Buch I) und die Korinthia (Buch II). Er setzt seine Beschreibung anschließend mit der Argolis (Buch II), Lakonien (Buch III) und Messenien (Buch IV) fort, bevor er auf Elis (Bücher V und VI; mit einer ausführlichen Schilderung von Olympia) und Achaia (Buch VII) zu sprechen kommt. Pausanias endet mit Arkadien (Buch VIII), Boiotien (Buch IX) und der Phokis (Buch X; mit einer ausführlichen Beschreibung von Delphi). Andere Regionen Griechenlands kommen bei ihm nicht vor. Es ist umstritten, ob diese Bücher lediglich verlorengegangen sind oder nie existiert haben.

Pausanias' Beschreibung liegt die regionale Einteilung des griechischen Festlandes und der Peloponnes zugrunde, die zu seiner Zeit die allgemein übliche war. Von dieser ausgehend wird im Rahmen dieses modernen Reiseführers eine Fahrt in der Reihenfolge Megaris, Korinthia, Argolis, Lakonien, Messenien, Elis, Achaia und Arkadien vorgeschlagen. Diese entspricht weitgehend der geographischen Situation. Östlich des Isthmos von Korinth liegt die Megaris noch auf mittelgriechischem Festland. Überquert man dieses in westlicher Richtung kommt zunächst die Korinthia. Von hier aus gelangt man südlich auf den ersten der vier Finger (manche sagen den Daumen) der Peloponnes, die Argolis. Die beiden folgenden Finger gehören zu Lakonien, der westliche davon ist die Mani-Halbinsel. Es folgt als letztes Messenien. Diese Landschaft umfasst den äußersten westlichen Finger und größere Teile der Südwestküste der Peloponnes. Nördlich davon beginnt Elis und im Nordosten dann Achaia, das sich an der peloponnesischen Nordküste soweit nach Osten erstreckt, bis die Grenze der Korinthia erreicht wird. Gewissermaßen in der Mitte all dieser Landschaften befindet sich das Hochland von Arkadien mit ausgedehnten Ebenen und diversen Gebirgsmassiven. Die südlichen Finger der Peloponnes werden jeweils in Längsrichtung durch einen Gebirgsgrat durchzogen. Am markantesten ist dies in Gestalt des bis zu 2400 m hoch aufragenden Taygetos in Lakonien und der Mani ausgeprägt.

Die vorgeschlagene Route berücksichtigt dabei den Umstand, dass die meisten Reisenden wahrscheinlich wegen des großen internationalen Flughafens von Athen aus starten werden. Die Megaris liegt dann sozusagen auf dem Weg zur Peloponnes, obwohl sie streng genommen nicht zu dieser gerechnet werden kann. Diejenigen aber, die per Fährschiff anreisen, müssen einen anderen Weg wählen. Für sie beginnt die Erkundung der Peloponnes am besten mit Achaia, Elis und Arkadien, gefolgt von Messenien, Lakonien, Argolis, Korinthia und der Megaris.

MEGARIS – AUF DEM WEG ZUR PELOPONNES

Pausanias schließt die Betrachtung der Sehenswürdigkeiten von Athen und Attika mit dem Hinweis auf ein bei Reisenden aller Zeiten sicherlich ungute Gefühle auslösenden Grab (1, 39, 3). Es war das des Poseidonsohnes Kerkyon, der Wanderern auflauerte, um sie zu einem Ringkampf zu zwingen, den diese nicht überlebten. Nur Athens großer Held Theseus schaffte es, den Unhold zu besiegen und zu töten. Erst danach wendet Pausanias sich der Megaris zu, von der er sogleich behauptet, in alter Zeit habe auch sie den Athenern gehört (1, 39, 4). Damit beschreibt er sehr gut das Hauptproblem dieser Landschaft. Auf einer nur 20 km breiten Landenge zwischen Athen und Attika auf der rechten östlichen sowie Korinth und der Korinthia auf der linken westlichen Seite liegend musste die Megaris von Beginn an gegen beide Metropolen um ihre Selbstständigkeit kämpfen, was mehr schlecht als recht gelang. So verlor die Stadt Megara (01) schon Mitte des 8. Jhs. v. Chr. die Kontrolle über das Heiligtum der Hera in Perachora (02) an Korinth. Im Grunde genommen saß die Megaris zu allen Zeiten gewissermaßen zwischen den Stühlen. Dies wird auch in der Reiseführerliteratur deutlich. Wer nach Mittel- und Nordgriechenland fahren möchte, kommt hier nicht vorbei, obwohl die Megaris, wie bereits einleitend erwähnt, streng genommen zur mittelgriechischen Landmasse gehört. So wird diese Landschaft meist als Anhängsel von Athen und Attika abgehandelt oder wie in diesem Fall als Auftakt zu einer Besichtigungstour auf die Peloponnes. Letzteres ist zumindest, sofern man in Athen per Flugzeug ankommt, fahrtechnisch durchaus sinnvoll. Pausanias hat es, obwohl er nicht flog, sondern von Kleinasien aus mit dem Schiff anreiste, jedenfalls so gehandhabt.

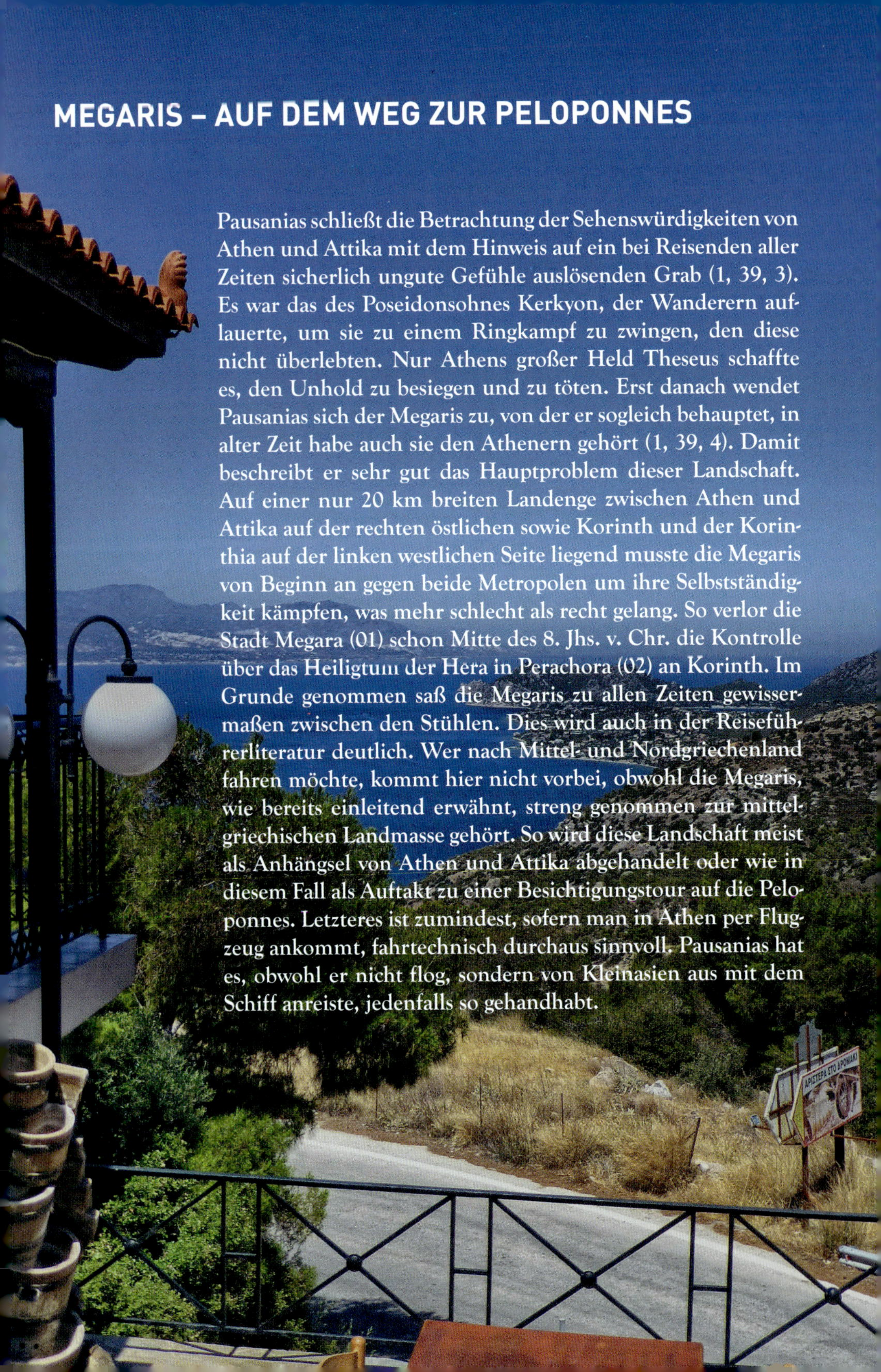

Man kann es kaum glauben, dass das heute so beschaulich wirkende Megara um 660 v. Chr. Siedler aussandte, die gemeinsam mit anderen Griechen am Bosporus Byzanz gründeten und damit die Keimzelle zu einer späteren Weltstadt legten. Die in der Antike hochgerühmten Wohnhäuser sind bedauerlicherweise verschwunden. Dafür künden die Reste eines schon von Pausanias für erwähnenswert gehaltenen Brunnenhauses vom einstigen Glanz.

01 MEGARA – MUTTER EINER KÜNFTIGEN WELTSTADT

Die beherrschende Polis der Landschaft Megaris war das 30 km westlich von Athen gelegene Megara. Aufgrund seiner strategischen Lage gab es an diesem Ort bereits in der Bronzezeit eine erste Siedlung. Diese okkupierte inmitten der in agrarischer Hinsicht recht ertragreichen Landschaft zwei Hügel. Wie bedeutend diese mykenische Niederlassung war, wissen wir nicht. Im 8. und 7. v. Chr. muss die Stadt, die an ihrer Stelle entstand, jedenfalls in großer Blüte gestanden oder zumindest einen größeren Bevölkerungsüberschuss hervorgebracht haben. Denn Megara konnte sich an der Kolonisation Unteritaliens und Siziliens sowie des Schwarzmeergebietes mit jeweils eigenen Kontingenten beteiligen. Auf Sizilien gründeten die Kolonisten als eine der ältesten Griechenstädte in der sog. Magna Graecia (Großgriechenland) bereits 729 v. Chr. an der Südostküste (unweit des späteren Syrakus) eine Niederlassung namens Megara Hyblaia, die als Handelsmetropole rasch zu Wohlstand gelangte. Eine noch größere Karriere war Byzanz (gr. *Byzantion*) beschieden, das die Megarer um 660 v. Chr. gemeinsam mit Siedlern aus Argos und Korinth am Bosporus gründeten. Die Stadt avancierte, nachdem Kaiser Konstantin der Große sie ab 326 n. Chr. unter ihrem neuen Namen Konstantinopel (Stadt des Konstantin) glanzvoll ausbaute und ab 330 n. Chr. an Stelle von Rom zur eigentlichen Hauptstadt des Imperium Romanum machte, rasch zu einem Ort von welthistorischer Bedeutung. Noch heute ist Konstantinopel/Istanbul eine wichtige Metropole an der Schnittstelle der Kontinente Europa und Asien, die hier aufeinandertreffen. Byzanz selbst gab einer ganzen Epoche den Namen. Von hier aus regierten die oströmischen Kaiser bis zur endgültigen Eroberung der Stadt im Jahr 1453 durch die osmanischen Truppen das Byzantinische Reich.

Dieser Glanzzeit Megaras folgten seit dem späteren 6. und v. a. im 5. Jh. v. Chr. Phasen des Niederganges. In Rivalitäten mit Korinth, dem Pelo-

Literatur:

H. R. Goette, Athen, Attika, Megaris (1993)

Links: Loutraki-Perachora

ponnesischen Bund unter der Führung Spartas sowie insbesondere mit der nach den Perserkriegen aufstrebenden Hegemonialmacht Athen verstrickt, das von alters her in Konkurrenz zu Megara stand, verlor die Stadt nach und nach an politischem Einfluss und infolgedessen auch größere Gebiete wie bspw. die Insel Salamis an Athen oder die Peraia mit dem Heiligtum der Hera Akreia in Perachora an Korinth. Aus diesem Tal arbeiteten sich die Megarer im 4. Jh. v. Chr. offenkundig wieder nach oben. Sprichwörtlich wurde der von ihnen gepflegte luxuriöse Lebensstil. Es hieß, die Megarer lebten, als wären sie bereits am nächsten Tag tot, bauten aber, als existierten sie bis in alle Ewigkeit. Mit anderen Worten: Die Einwohner der Stadt müssen damals sehr wohlhabend gewesen sein, sodass sie mit Lebensmitteln nicht geizen mussten und sich prachtvolle Häuser erbauen konnten. Von diesen angeblich schönsten Wohnbauten des antiken Griechenlands sieht man heute freilich allenfalls wenige karge Reste, was sicherlich daran liegt, dass Megara nicht nur bereits zu Beginn der hellenistischen Epoche im Jahr 307 v. Chr. durch Soldaten Demetrios‘, der den treffenden Beinamen der Städtebelagerer (gr. *Poliorketes*) trug, schwer geplündert worden ist, sondern zudem während des römischen Bürgerkriegs zwischen Pompeius und Caesar auf der falschen Seite stand, was wiederum eine Bestrafungsaktion seitens des Siegers nach sich zog. In der römischen Kaiserzeit spielte Megara jedenfalls keine Rolle mehr. Sie war damals nicht mehr als eine kleine unbedeutende Landstadt, die in der Spätantike noch dazu mehrfach zum Ziel einfallender Barbarengruppen wurde, was den Verfall nur weiter beschleunigte. Das Interesse an Megara ließ aber nie nach, was eindeutig mit seiner Lage zusammenhängt. Fast jede Macht, die sich in nachantiker Zeit in den Besitz Griechenlands setzen wollte, kam in strategischer Hinsicht nicht um diese Stadt herum, da sich von hier aus der Zugang zur Peloponnes doch recht gut kontrollieren ließ. Als Zentrum des Widerstandes gegen die osmanisch-türkische Oberherrschaft verschaffte sich Megara in den 1820er Jahren erneut Geltung. Im Gegensatz zum damals nicht minder dörflichen Athen konnte daraus langfristig aber kein Kapital geschlagen werden. Es gelang lediglich der alten Rivalin Athen der Aufstieg zur Hauptstadt Griechenlands und mittlerweile Millionenmetropole. Megara hingegen fristet noch heute ein beschauliches Dasein als kleine Landstadt.

Da das moderne Megara nahezu vollständig die antike Siedlungsfläche einnimmt, sind die Reste der antiken Stadt daher ausgesprochen dürftig zu nennen. Schon seit der Bronzezeit verfügt sie über zwei Akropolen: Karia (Osten) und Alkathos (Westen). Auf der nach dem König Kar genannten Akropolis sah Pausanias (1, 40, 6) einen Tempel des Dionysos Nyktelios und einen des Zeus Kronios ohne Dach sowie ein Heiligtum der Aphrodite Epistrophia und das sog. Orakel der Nacht. Zudem er-

Abb. 10 Brunnenhaus des Theagenes in Megara

wähnt er ein Megaron der Demeter, und beim Hinabsteigen das gegen Norden in der Nähe des Olympieions liegende Grab der Alkmene (1, 41, 1). Auf der anderen Akropolis, die nach Alkathoos benannt wurde, erwähnt Pausanias (1, 42, 1) beim Hinaufsteigen ein Grabmal des Megareus und einen Herd für die als Prodomeis bezeichneten Götter, denen Alkathoos zuerst geopfert habe, als er mit dem Mauerbau begann. Daneben läge ein Stein, auf dem Apollon seine Leier abgelegt habe, um beim Mauerbau zu helfen. Etwas später (1, 42, 4) kommt er noch auf einen Tempel der Athena zu sprechen mit seinem außer an den elfenbeinernen Händen und Füßen sowie im Gesicht vergoldeten Kultbild. Von diesem Bau existieren möglicherweise Reste. In die Mauern der in nächster Nähe stehenden mittelalterlichen Kapelle sind zahlreiche antike Spolien (u. a. Säulenfragmente und andere Bauglieder) eingefügt, die eventuell zu diesem Tempel gehört haben.

Damit ist die Beschreibung der Stadt (1, 40, 1–44, 2) durch Pausanias aber noch lange nicht abgeschlossen. Es gab demnach viele weitere Heiligtümer, öffentliche Bauten (u. a. Brunnenhaus, Rathaus, Prytaneion), Grabbezirke und Standbilder, die der Reiseschriftsteller für berichtenswert hielt. Einzig das laut Pausanias (1, 40, 1) vom megarischen Tyrannen Theagenes im 6. Jh. v. Chr. erbaute prächtige Brunnenhaus ist archäologisch nachgewiesen (Abb. 10). Pausanias bezeichnet es wegen seiner Ausstattung und der vielen Säulen als sehenswert. Es stand in der Nähe der Agora, die über Säulenhallen verfügte. Die Reste des Quellhauses befinden sich heute an der Hauptstraße Odos Moriati, Ecke Odos Krinis. Es handelt sich dabei um ein großes rechteckiges nordsüdlich ausgerichtetes Wasserbecken, das durch fünf Reihen von jeweils sieben achteckigen Stücken in sechs ‚Schiffe' geteilt wird. In die Säulenzwischenräume der mittleren Reihe waren Platten eingelassen, die das Becken in zwei Hälften trennten. Die zum Teil in den natürlichen Fels eingetieften Seitenwände bestehen an den anderen Stellen aus schön gefugten Quadern und wasserfestem Putz. Im Süden öffnete sich der ganze Komplex auf eine nicht mehr erhaltene Säulenhalle. Hier lief das Wasser in ein Schöpfbecken über. Zum Quellhaus führte ein ebenfalls teils in den Felsen geschlagener Aquädukt. Pausanias irrte allerdings mit seiner Datierung. Der heute noch sichtbare Bau kann nicht archaisch sein, sondern dürfte wohl erst aus dem 5. Jh. v. Chr. stammen. Vielleicht wurde eine erste Wasserleitung unter dem Tyrannen Theagenes angelegt. Immerhin kam der berühmte Wasserbauingenieur des 6. Jhs. v. Chr., Eupalinos, aus Megara, dessen Wasserleitung (Tunnel durch einen Berg) für den Tyrannen Polykrates auf Samos noch heute besichtigt werden kann. In römischer Zeit scheint das Brunnenhaus repariert worden zu sein, was eventuell mit dem Einfall der Heruler 267 n. Chr. zusammenhängen könnte. Dabei senkte man das Dach durch Verkürzung der Stützsäulen um eine Trommel ab und setzte es wieder instand. Desweiteren wurden über das ganze Stadtgebiet verteilt einige wenige Reste klassischer Wohnhäuser gefunden, die aber nicht besichtigt werden können. Sie besaßen feste Quadermauern und sogar Kellerräume für Nahrungsmittelvorräte (?), die ansonsten sehr selten im antiken griechischen Wohnbau sind.

Megara hatte in der Antike zwei Häfen. Bei Pagai bestand Zugang zum Korinthischen Golf (heute Alepochori), und Nisaia lag am Saronischen Golf. Mit letzterem Hafen war Megara seit ca. 460 v. Chr. durch lange Mauern verbunden. Südlich von Megara wurden tief unter dem heutigen Bodenniveau kürzere Abschnitte dieser Mauern gefunden. Das längst durch Schwemmland komplett verfüllte Hafenbecken lag zwischen zwei Hügeln, wovon der westliche Minoa hieß und eine Insel war, die über eine Brücke betreten werden konnte. Darauf sind heute die Ruinen einer mittelalterlichen Burg zu sehen. Von hier aus kann man weit nach Megara und zur Insel Salamis blicken. Auf dem östlichen in der Antike von einer Mauer umgebenen Berg steht eine Kapelle des Agios Giorgios, von dem aus die Insel Salamis ebenfalls zu sehen ist. Von den bei Pausanias genannten Denkmälern extistieren keine Spuren mehr. In Nisaia soll es ein Heiligtum der Demeter Malophoros mit einem aus Altersgründen eingestürzten Dach sowie ein Grabmal des aus Ägypten gekommenen Lelex (1, 44, 3) und in Pagai ein sehenswertes bronzenes Götterbild der Artemis Soteira und ein Heroon des Aigialeus gegeben haben (1, 44, 4). Auf dem wenige hundert Meter landeinwärts des modernen, direkt am Meer liegenden Alepochori (Pagai) sichtbaren antiken Siedlungshügel sind allerdings nur wenige Reste einer Befestigung zu sehen (Reste von Mauern mit Türmen; das am besten erhaltene Teilstück an der Ostseite direkt an der modernen Fahrstraße). In der ebenen Fläche, die heute landwirtschaftlich genutzt wird, scheint die eigentliche Siedlung gestanden zu haben, worauf die vielen Keramikscherben hindeuten, die beim

Pflügen immer wieder zu Tage treten. Pagai war möglicherweise seit etwa 60 v. Chr. eine selbstständige Polis (?) und insofern von größerer strategischer Bedeutung, da hier der Schnittpunkt zweier wichtiger Straßen verlief, die von Megara nach Nordwesten über Aigosthenai nach West-Boiotien und von der Peloponnes kommend nach Nordosten Richtung Theben führten.

Zu erwähnen ist ferner das Gebiet von Vathichoria in der Grenzregion zwischen der Megaris und Attika. Nach Westen zum Korinthischen Golf hin erstreckt sich bis zum Kieselstrand von Psatha ein größeres fruchtbares Gebiet, das bereits im Altertum intensiv landwirtschaftlich genutzt worden ist. Das bezeugen Reste zahlreicher antiker Terrassierungen und einiger Gehöfte. Besser erhalten blieb ein bis zu 12 m hoher Rundturm (Abb. 11 Nr. 3), der vielleicht zu einem Turmgehöft gehörte, worauf geringe Mauerspuren von Nebengebäuden hindeuten. Südlich des benachbarten modernen Hauses beginnt ein 3 m breiter Weg, der nach Südosten Richtung Megara führt. Auf diesem Weg sieht man weitere Türme, darunter (Abb. 11 Nr. 4) einen quadratischen aus sorgfältig behauenen Quadersteinen. An seiner Ostseite liegen geringe Fundamentreste von Nebengebäuden und an der Nordostseite eine Zisterne. Dieser sog. Pyr-

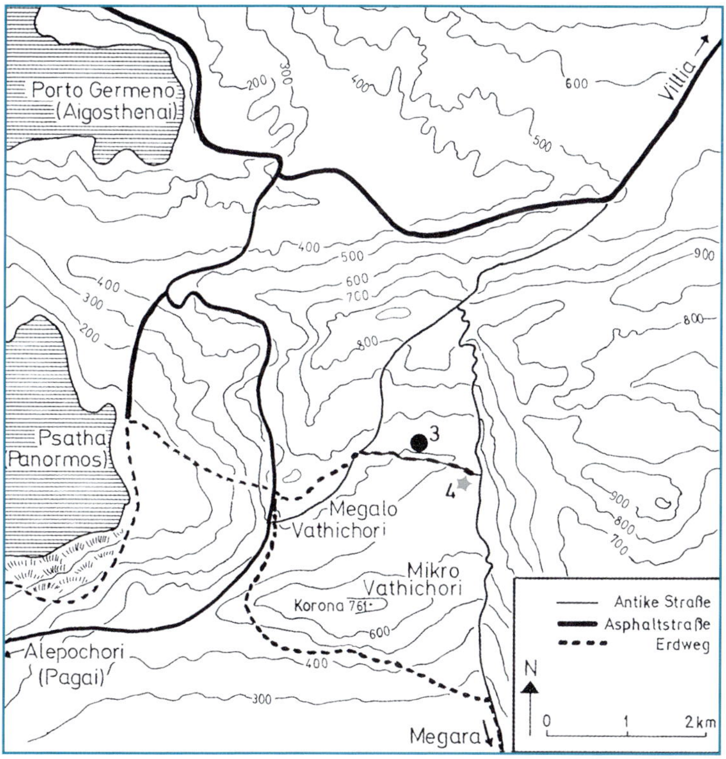

Abb. 11 Karte der Umgebung von Megara

gos tou Germenou könnte ehemals das Zentrum eines antiken Wehrgehöfts oder aber auch ein wichtiger Wachturm gewesen sein.
Südwestlich von Megara blieb nicht weit von der modernen Stadt entfernt an einer Stelle, wo die neue Nationalstraße und die alte Straße nach Korinth direkt übereinanderliegen und unterhalb eines Steinbruchs entlangführen, ein antikes Monument erhalten. Um es zu besichtigen, muss man östlich neben dem Steinbruch entlang der Eisenbahngleise den Hang hinaufsteigen. Es ist ein großer Rundbau aus Quadermauerwerk mit einem dorischen Wandfries. Daneben lassen sich noch weitere, allerdings geringere Mauerreste und Felsbettungen feststellen, die wahrscheinlich zu seitlichen Flügelbauten gehören. Wenige Meter östlich befindet sich ein direkt in den Felsen geschlagenes Grabmal mit Marmorsarkophag aus spätklassischer Zeit (Deckel in Dachform). Ersteres könnte das Heroengrab des Kar sein, eines mythischen Königs von Megara und Namensgebers seiner östlichen Akropolis. Pausanias (1, 44, 6) sah es an der Straße nach Korinth. Vielleicht war es in der Antike auch nur ein wichtiger Wachturm. Die Lage des Monuments ist jedenfalls von großer strategischer Bedeutung. Es befindet sich direkt an der Skironischen Straße, die von Megara nach Korinth führt, an einem Engpass zwischen dem Felsen, einem östlichen Ausläufer des Gerania-Gebirges, und dem Meer. Diese Stelle bietet einen weiten Blick auf die gesamte Ebene und den Hafen von Nisaia. Der den Engpass bildende sog. Skironische Fels besaß auf seiner Spitze einen Tempel des Zeus Aphesios (Pausanias 1, 44, 9). Der Gott hatte diesen Beinamen erhalten, weil er einer Dürre Einhalt gebot. Dort standen auch Statuen der Aphrodite, des Apollon und des Pan, und es gab ein Grabmal des Eurystheus (1, 44, 10). An dieser Stelle (heute Marmara) trafen Archäologen noch um 1900 Reste eines Heiligtums an. Der damals entdeckte Hof mit kleinem Antentempel und einem Gebäudekomplex mit mehreren Speiseräumen ist heute jedoch nicht mehr erhalten. Nach dem Abstieg träfe man laut Pausanias erst auf ein Heiligtum des Apollon Latoïos und dann auf die Grenze zwischen Megara und Korinth (1, 44, 10). Damit ist seine Beschreibung der Megaris abgeschlossen. Auch wir wollen es damit bewenden lassen. Da zu Beginn aber ein für Reisen nicht unpassender Mythos erzählt wurde, sei dies am Ende ebenfalls gestattet, zumal diese Geschichte genau an dieser Stelle spielt. Die Rede ist von Skiron, der dem Felsen seinen Namen gab. Er hatte die unschöne Gewohnheit, Reisende zu zwingen, ihm die Füße zu waschen. Während diese der unangenehmen Tätigkeit nachgingen, stieß er sie hinterrücks den Felsen hinab, worauf die Unglücklichen im Meer von riesigen Schildkrötern gefressen wurden (Pausanias 1, 44, 8). Es war wiederum Theseus, der auch diesem grausigen Treiben ein wohlverdientes Ende bereitete. Skiron musste selbst den Schildkröten einen letzten unfreiwilligen Besuch abstatten.

Hera hatte für ihr Heiligtum eine gute Wahl getroffen. Noch heute bezaubert seine traumhafte Lage direkt am Meer jeden Besucher. Trotz seiner scheinbaren Abgeschiedenheit war es schon in der Frühzeit stark frequentiert. Die Weihgeschenke an die Göttin stammten aus vielerlei Herren Länder und bezeugen weitreichende internationale Verbindungen.

02 PERACHORA – ABGESCHIEDEN, ABER ALLES ANDERE ALS EINSAM

Das Heiligtum der Hera, die hier mit den Beinamen Akraia und Limenia verehrt wurde, ist nach Megara das nächste Reiseziel (Abb. 12). Es liegt noch unterhalb des Kanals von Korinth. Man erreicht es von Athen und Megara herkommend über eine Straßenabzweigung Richtung Loutraki, die auf die Halbinsel Peraia führt. Hinter dem modernen Bade- und Kurort Loutraki steigt die Straße nach Nordwesten hin an. Man kann dabei bereits einen Blick herüber zur Peloponnes sowie insbesondere zum vorspringenden Kap von Melagavi genießen, auf dem das Heraion liegt. Von hier sind es 10 km bis zum ehemaligen modernen Dorf Perachora, das allerdings infolge eines Erdbebens seit 1981 weitgehend zerstört ist. Die Straße schlängelt sich weiter bis zu einem Leuchtturm am Kapende (Abb. 13 Nr. 9). Auf dem Weg dahin wird der Vouliagmeni-See passiert, der mittels eines modernen Durchstichs eine direkte Verbindung zum Meer aufweist.

Ein Gebirgszug (Gerania) trennte die in der Antike Peraia genannte Landschaft von der Megaris, die dennoch bis zur Mitte des 8. Jhs. v. Chr. zum Einflussbereich von Megara gehörte. Danach geriet das dort liegende Heiligtum mit seinem Umland in den Besitz des mächtigen Korinth. Die Ruinen des Heraions befinden sich direkt in der Bucht und dem vom Meer aus ansteigenden kleinen Tal. Ein Ost-West orientierter Felszug trennt es von einer benachbarten größeren Ebene. Auf dem Felsen befand sich die antike Akropolis. Heute steht an dieser Stelle eine Kapelle des Agios Nikolaos. Die Besteigung der Akropolis erfolgt vom klassischen Brunnenhaus her (siehe unten). Ein schmaler Pfad führt von der modernen Fahrstraße hinauf. Am Fuß des Berges sind auf einer ebenen Fläche Rundbaureste ungeklärter Funktion zu erkennen. Es handelt sich dabei um einen Steinkreis von 27 m Durchmesser, der ein mit wasserfestem Putz ausgekleidetes Becken beinhaltet, das vielleicht dem Sammeln von Regenwasser gedient hat. Es gibt aber keine Zu- bzw. Ableitung in Form eines Kanals. Möglicherweise wurde der Platz, etwa als heiliger See kultisch genutzt. Östlich von ihm erstreckt sich die eigentliche Akro-

Abb. 12 Heraion von Perachora

Abb. 13 Plan von Perachora

polis auf einer kleinen Terrasse mit der bereits erwähnten Kapelle. Aus antiker Zeit stammen die Reste einer Stützmauer auf der Nordseite. Von der Westspitze der Akropolis kann das ganze Heiligtum samt Kap im Westen und der nordöstlich gelegenen Ebene mit dem Brunnenhaus überblickt werden.

Im Altertum lagen in der Ebene Wohnhäuser und Anlagen für die Wasserversorgung. Im Osten gab es eine Mauer als Begrenzung zur übrigen Peraia. Erhalten ist ein klassisches Brunnenhaus. Wer es sehen möchte, geht hierher wenige Schritte nördlich der Zufahrtsstraße etwa 400 m vom modernen Parkplatz. Drei große in den Felsen geschlagene Becken dienten zum Sammeln des Wassers. An der Westseite sind die Reste einer Vorhalle mit ionischen Säulen zu sehen, von deren Schöpfbecken drei mit wasserdichtem Putz noch gut erhalten sind. Wiederum nur wenige Meter östlich davon gibt es ein weit verzweigtes Netz unterirdischer Gänge, zu denen eine lange Treppe hinabführte. Die in den Felsen getriebenen Stollen dienten als Zisternen, deren Wasser durch einen Kanal in die Kammern des Brunnenhauses lief.

Östlich des Leuchtturms warten die Ruinen des Heraions auf einen Besuch. Es war v. a. vom 6. bis 4. Jh. v. Chr. eines der bedeutenderen Heiligtümer Griechenlands. Die englischen Grabungen erbrachten zahllose Weihgeschenke. Bereits im frühen 8. Jh. v. Chr. existierte im Bereich des späteren Kultbaus ein sehr kleiner Tempel mit ausgesprochen langgestreckten Proportionen und einer Apsis im Westen. Um die Mitte des 7. Jhs. v. Chr. wurde dieser von einem größeren rechteckigen Bau ersetzt, wobei gleichzeitig das Gelände beim Tempel eine Terrassierung erhielt und man östlich oberhalb der Bucht (im Tal) ein Haus für Gastmähler errichtete (Abb. 13 Nr. 6). Die nächsten größeren Umbauten fanden dann im 6. Jh. v. Chr. statt. Dabei erfolgte durch Abtragung von Felswänden und anschließender Planierung eine Erweiterung des direkt am Meer liegenden Geländes. Damit war genügend Raum geschaffen, um darauf gegen 525 v. Chr. den Neubau eines langgestreckten Tempels mit zweisäuliger Vorhalle, einer langen Cella und einem schmalen Adyton im Westen zu beginnen, dessen Fundamente noch gut erkennbar sind (Abb. 13 Nr. 1). Vor der Ostfront stand ein Altar, eine niedrige, längsrechteckige Steinkonstruktion, die rundum mit einem direkt am Boden aufliegendem dorischen Metopen-Triglyphen-Fries dekoriert war (Abb. 13 Nr. 2). Die südliche Flanke ist leider komplett ins Meer gestürzt. Etwa zur gleichen Zeit schüttete man im oberen Gelände zusätzlich neue Terrassen auf und erneuerte zudem das Speisehaus (Abb. 13 Nr. 6). Darüber hinaus wurde südwestlich des Tempels der Fels abgegraben, um offenkundig Platz für ein später noch einmal umgebautes, unregelmäßiges Areal zu erhalten, das als Versammlungsort für die Festprozessionen gedeutet wird. In diesem Zustand blieb das Heraion bis zum frühen 4. Jh. v. Chr.,

Rechts: Angelokastro bei Korinth

als es erneut grundlegend ausgebaut worden ist. Der Tempelvorplatz wurde neugestaltet. Er erhielt eine Pflasterung sowie an seiner Nordseite eine Stützmauer. Über dem Altar errichtete man eine baldachinartige ionische Säulenarchitektur und östlich davon eine L-förmige Säulenhalle, die leicht aus der Achse von Tempel und Altar gerückt war (Abb. 13 Nr. 4). Die Stoa liegt direkt unterhalb der mittelalterlichen Kapelle (Abb. 14). Ebenso erfuhren die Bauten oberhalb im Tal sichtbare Veränderungen. Zu nenen ist hier die Anlage einer schlecht erhaltenen repräsentativen Freitreppe, die über einer Schicht mit älteren Weihgeschenken lag und verschiedene Terrassen überwindend bis zum Speisehaus (Hestiatorion) führte (Abb. 13 Nr. 6). Dieses hatte zwei quadratische Räume mit Klinen vor den Wänden und besaß eine Vorhalle. Die Fundamentmauern und die einstige Lage der Klinen lassen sich noch erkennen. Zwischen diesem Haus und den Gebäuden in der Bucht erbaute man schließlich eine längsovale Zisterne mit einer Stützenreihe in der Mitte, und einem gedeckten Kanal als Zulauf (Abb. 13 Nr. 5). Sie gehört zu den besterhaltenen Bauten des Heraions. In der zweiten Hälfte des 4. Jhs. v. Chr. erfolgte dann noch auf der Platzanlage südwestlich des Tempels die Hinzufügung einer Säulenreihe, durch die man einen überdachten Umgang schuf. In den folgenden Jahrhunderten gab es wohl keine weiteren größeren Bautätigkeiten mehr. Archäologisch nachgewiesen sind lediglich Ausbesserungen des Stuckverputzes am Tempel und anderen Gebäude. In Folge der durch die Römer erfolgten Zerstörung Korinths im Jahr 146 v. Chr. muss das Heiligtum letztlich aufgegeben und der Kult vielleicht später in das neugegründete Korinth überführt worden sein. Pausanias jedenfalls erwähnt das Heraion mit keinem Wort.

Abb. 14 Blick auf das Heiligtum von der Kapelle aus

KORINTHIA – UMLAND EINER EINSTIGEN HANDELSMACHT

Diese historische Landschaft im Nordosten der Peloponnes mit dem im Landesinnern liegenden Kyllini-Gebirge ist heute einer der fünf Regionalbezirke der griechischen Region Peloponnes, seit 2010 sogar eine eigene Präfektur. Dies entspricht durchaus dem Rang, den die Korinthia in der Antike lange Zeit einnahm, beherbergte sie doch mit Korinth eine der mächtigsten Handelsmetropolen der archaischen Epoche, die als Mutterstadt vieler Kolonistensiedlungen damals eine herausragende Rolle spielte. Zudem gab es hier weitere blühende Poleis wie bspw. Sikyon, das als Kunstzentrum weithin berühmt war, und mit den Heiligtümern von Isthmia und Nemea gleich zwei der bedeutendsten Veranstaltungsorte panhellenischer Wettkämpfe. Die Korinthia ist zugleich der Schauplatz wichtiger griechischer Mythenerzählungen. Herakles kämpfte hier gegen den nemeischen Löwen.

Wer hatte sich in der Antike nicht alles an dem Durchstich des Isthmos von Korinth versucht? Selbst Kaiser Nero scheiterte hier trotz Roms schier unerschöpflicher Ressourcen. Weiterhin mussten ganze Schiffe über Land gezogen oder deren Waren per Ochsenkarren transportiert werden. Dafür gelang wenigstens ab und an die militärische Sperrung dieser strategisch so wichtigen Engstelle durch eine Mauer, mit der man die Feinde am Betreten der Peloponnes hindern wollte.

03 ISTHMOS UND DIOLKOS VON KORINTH – DAS SCHEITERN GROSSER MÄNNER

Im Allgemeinein verwendeten die Griechen den Begriff Isthmos für jede Landenge. Eine besondere Berühmtheit erreichte freilich nur der lediglich 6 km breite Isthmos von Korinth (Abb. 15); wahrscheinlich deshalb, weil, hätte man ihn bereits in der Antike durchstechen können, damit ein Seeweg von immerhin gut 100 Meilen überflüssig geworden wäre. Zudem stellt der korinthische Isthmos eine wichtige Landbrücke und zugleich ein Verkehrsknotenpunkt für die Seefahrt dar. Über ihn ließ sich vergleichsweise rasch Handelsgut von Ost nach West oder umgekehrt transportieren. Der Tyrann Periander (reg. ca. 628–583 v. Chr.), der die damals wichtigste griechische Handelsstadt Korinth beherrschte, war daher der erste, der einen Durchstich befahl und damit kläglich scheiterte. Es sollten dann noch etwa drei Jahrhunderte vergehen, bis sich mit dem Makedonen Demetrios Poliorketes (336–283 v. Chr.) erneut jemand fand, der dieses Wagnis eingehen wollte. Aber auch er musste aufgeben wie nach ihm noch die römischen Caesaren Gaius Iulius Caesar († 44 v. Chr.), Gaius Caesar, gen. Caligula (reg. 37–41 n. Chr.) sowie Hadrian (reg. 117–138 n. Chr.); und zwischen den beiden Letztgenannten war es dann noch Kaiser Nero, der 67 n. Chr. den Befehl gab, 6000 jüdische Kriegsgefangene für dieses Großprojekt einzusetzen, was aber gleichfalls zu einem Desaster geriet. Im Zusammenhang mit der ersten Erwähnung des korinthischen Isthmos durch Pausanias (2, 1, 5), meint dieser, die Stelle, wo sie (es ist nicht klar, wen genau er damit meint) angefangen hätten zu graben, sei bis zum felsigen Teil, wo ein Fortkommen nicht möglich gewesen wäre, noch sichtbar. Den Kanal zu vollenden, das schaffte man erst im 19. Jh. Zwischen 1881 und 1893 ließen französische und griechische Ingenieure einen 5,6 km langen Durchstich anlegen, der an der Wasseroberfläche nur eine Breite von 24 m aufweist (unterhalb sogar nur von 21 m), weshalb lediglich Schiffe bis zu einer gewissen Größe den Kanal durchfahren können. Weit oberhalb der

Abb. 15 Blick auf den Isthmos von Korinth

Fahrrinne führen Brücken über den Kanal. An seinem östlichen Ende liegt der Hafen Isthmia, an seinem westlichen der von Poseidonia.
In der Antike musste man sich dagegen mit einem Transport allein über den Landweg zufriedengeben. Zu diesem Zweck wurde bereits im 6. Jh. v. Chr. ein aus Steinquadern mit Fahrrinnen von 1,5 m Spurbreite bestehender Schleppweg (gr. *Diolkos*) angelegt. Auf diesem konnten schwere Ochsenkarren die Warenladungen vom einen zum anderen Ende transportieren, wo sie erneut verschifft wurden (Abb. 16). Es war aber auch möglich, zumindest kleinere Schiffe auf Tiefladern per Schleppseil über den Diolkos zu ziehen. Von diesem Weg ist am Nordwestausgang des modernen Kanals, an dessen Südufer bei Poseidonia ein 500 m langes Teilstück zu sehen. Große Kalksteinblöcke des Pflasters mit tiefen Spurrillen und archaischen Buchstaben des korinthischen Alphabets werden hier vom Meerwasser umspült.
Zur Geschichte des Isthmos von Korinth gehören ferner die Versuche, in Krisenzeiten Invasionsheere mittels einer Sperrbefestigung am Übertritt auf die Peloponnes zu hindern. Reste einer solchen Mauer blieben aus

Abb. 16 Diolkos, Reste des westlichen Anlegeplatzes

spätantiker/byzantinischer Zeit erhalten. Ihre späte Fertigung erkennt man an der Kombination älterer Spolien (geraubte Steine von früheren Bauwerken) mit Ziegeln. Kaiser Markian (reg. 450–457 n. Chr.) gab hierzu den Befehl. Kaiser Iustinian (reg. 527–565 n. Chr.) ließ sie gut 100 Jahre später noch einmal ausbauen. Es folgten bis zum Ende des Byzantinischen Reiches immer wieder weitere Reparaturen. Einige größere Abschnitte dieses Hexamilion (gr. 6 Meilen) genannten Bauwerkes können unweit des Heiligtums von Isthmia sowie an der Straße von Isthmia nach Epidauros am Ortsausgang von Isthmia besichtigt werden. Diese Befestigung war aber bei weitem nicht die erste. Lange glaubte man, dass schon in mykenischer Zeit an der Ostseite des Isthmos eine dort teils erhaltene Kyklopenmauer errichtet worden sei, die vom Saronischen Golf bis zu einem Hügel südlich des Stadions von Isthmia verlief. Es dürfte sich dabei jedoch eher um einen Teil einer Stützmauer für einen Palast (?) handeln. Durch antike Schriftquellen zweifelsfrei belegt sind dagegen die späteren Mauerbauprojekte: 480 v. Chr. gegen die Perser; 369 v. Chr. gegen die Thebaner; 279 v. Chr. gegen Kelten; mehrmals in der Spätantike.

In der Antike waren die nach Ruhm und Ehre strebenden Sportler keineswegs allein auf die Olympien angewiesen. Sie hatten – abgesehen von zahllosen anderen Spielen – noch Siegchancen in drei weiteren panhellenischen Wettkämpfen (gr. *agones*). Das Poseidon-Heiligtum von Isthmia galt damals als eine der ersten Adressen.

04 ISTHMIA – HOTSPOT DER ANTIKEN SPORTWELT

Auch am Isthmos von Korinth kann man zunächst mit einem weiteren Theseus-Abenteuer aufwarten. Abermals musste er hier einen Verbrecher der übelsten Sorte aus dem Weg räumen. In diesem Fall war es der Räuber Sinis, der, wie Pausanias schreibt (2, 1, 4), am Anfang des Isthmos armen Reisenden auflauerte, die er, nachdem er sie im Kampf besiegt hatte, an zwei heruntergebogene Strandkiefern band. Diese ließ er dann wieder nach oben schnellen, wodurch die Gefesselten in der Luft zerrissen wurden. Theseus bestrafte Sinis auf die gleiche Weise. Zum Ursprung der isthmischen Spiele hat Pausanias ebenfalls etwas zu sagen, bevor er das Heiligtum selbst beschreibt (2, 1, 7–2, 2). Sisyphos habe hier den Melikertes bestattet, ein Kind, das von einem Delphin auf dem Rücken getragen worden sei, und ihm zu Ehren die Wettkämpfe eingerichtet (2, 1, 3). Diese seien trotz der vollständigen Zerstörung Korinths im Jahr 146 v. Chr., das seit jeher die Oberaufsicht über das Heiligtum führte, unter der Leitung von Sikyon weitergegangen, bis nach der römischen Neugründung die Korinther wieder selbst die Isthmien ausrichten durften (2, 2, 2).

Das Poseidon-Heiligtum von Isthmia befindet sich etwas von der Küstenlinie entfernt unterhalb des Ostausgangs des Kanals, genauer gesagt 1 km südwestlich davon in der Nähe eines Ortes gleichen Namens. Zum Ausgrabungsareal gehört ein Museum. Erkennbar ist die Lage (im Gelände liegen einige Bauglieder) eines Tempels, der nach der Brandzerstörung eines Vorgängerbaus 480 v. Chr. durch die Perser, dessen Fundamentbettungen im Felsen noch sichtbar sind, im 5. Jh. v. Chr. wiederaufgebaut wurde (Abb. 17). Ein zweiter Wiederaufbau folgte nach einer erneuten Brandkatastrophe am Ende des 4. Jhs. v. Chr. In der Spätantike trug man das Gebäude nahezu vollständig ab und verwendete seine großen Kalksteinblöcke für den Bau des Hexamilions. Poseidon besaß an dieser Stelle einen dorischen Ringhallentempel mit 6 x 13 Säulen. Pausanias, der den spätklassischen Tempel noch intakt vorfand, erwähnt für ihn (2, 1, 7) auf dem Dach bronzene Tritone als Schmuck der drei Giebele-

Abb. 17 Fundamente des Poseidon-Tempels im Heiligtum von Olympia

cken (gr. Akrotere) und in der Vorhalle vier ebenfalls bronzene Statuen (zweimal Poseidon, Amphitrite, Thalassa = Personifikation des Meeres). Ausführlich geht er auf das Kultbild im Innern sowie den weiteren Bildschmuck der Cella ein (2, 1, 8), die mittels zweier Säulenreihen in drei Schiffe untergliedert war. Ersteres muss zu seiner Zeit geradezu brandneu gewesen sein. Gestiftet hatte es der nach dem Kaiser reichste Mann des Römischen Reiches, der aus Athen stammende Herodes mit dem Beinamen Atticus (101–177 n. Chr.). Dargestellt waren in kostbarer Goldelfenbeintechnik das göttliche Paar Poseidon und Amphitrite, gemeinsam auf einem von vier Pferden (vergoldet bis auf die Hufe aus Elfenbein) gezogenen Wagen stehend; dazu die Statue des lokalen Heros Paleimon auf einem Delphin und neben den Pferden zwei Tritone. An der Basis des Wagens beschreibt Pausanias in der Mitte die Meergöttin, wie sie die junge Aphrodite emporhält, flankiert auf beiden Seiten von Nereiden. Auf der separaten (?) Poseidon-Basis sieht er zusätzlich die Söhne des Tyndareos dargestellt, da sie Retter der seefahrenden Menschen seien. Ansonsten habe es noch eine Statue der Galene (heiteres Wetter), der Personifikation des Meeres, eines merkwürdigen Mischwesens (halb Pferd halb Walfisch), der Ino, des Bellerophon und des Pegasus gegeben.

Abb. 18 Römische Bäder in Isthmia

Von den sonstigen Sehenswürdigkeiten, die Pausanias erwähnt, hat kaum etwas die Zeiten überdauert. Die von ihm gleich am Eingang zum Heiligtum genannte Abfolge von Siegerstatuen und die gegenüberstehende Reihe von Strandkiefern blieben nicht erhalten (2, 1, 7). Die Sieger in den Wettkämpfen erhielten als Siegespreis einen Kranz von Kieferzweigen. Die Reste der weiteren von ihm in der gleichen Textstelle aufgezählten Bauten (Theater und Stadion) sind nur bedingt der Rede wert. Das im 4. Jh. v. Chr. erbaute und mehrere Erneuerungsphasen aufweisende Theater liegt nordöstlich des Poseidon-Tempels. Dazwischen extistieren zwei natürliche Grotten mit Kultbänken im Innern. Das in klassischer Zeit zu datierende und in der hellenistischen Epoche aufgegebene Stadion ist in römischer Zeit zum Teil von Säulenhallen überbaut worden, mit denen man den gesamten Heiligen Bezirk neu einfasste. Deutlich besser ist es dagegen um das Wasserabflusssystem des Heiligtums bestellt, da es auf einem niedrigeren Niveau liegt. Recht gut erkennen kann man zudem die Startvorrichtung des Stadions (Steinplatten mit Rillen). Römisch zu datieren ist ferner das über dem Südende der Startschwelle liegende Heiligtum des Palaimon. Dieses scheint ein Rundtempel auf quadratischem Sockel gewesen zu sein, von dem an Ort und Stelle der Kern aus Gußmauerwerk zu sehen ist. Pausanias erwähnt im Tempel Statuen des Poseidon, der Leukothea und des Palaimon. Ferner sei dort noch ein weiteres Heiligtum mit dem darin verborgenen Palaimon, Adyton (das Unbetretbare) genannt, das einen unterirdischen Zugang gehabt habe, sowie ein altes heiliges Kultmal, der sog. Altar der Kyklopen (2, 2, 1). Östlich des Heiligtums blieben einige wenige Reste der antiken Siedlung erhalten, darunter eine römische Badeanlage mit stuckverkleideten Wänden, einer Hypokaustenheizung sowie einem großen Schwarz-Weiß-Mosaik aus dem 4. Jh. n. Chr., das einen Seethiasos (Thiasos = ausgelassener Festumzug) mit Seekentauren, nackten Nereiden, auf Delphinen reitenden Eroten und vielen Fischen zeigt (Abb. 18). Das lokale Museum präsentiert nicht nur Objekte aus Isthmia selbst, sondern auch aus Kenchreai, einem der Hafenorte Korinths. Die ausgestellten Funde vermitteln einen Eindruck von den für Poseidon bestimmten Weihgeschenken. Er erhielt im 8. Jh. v. Chr. bronzene Dreifusskessel, in archaischer Zeit Statuen nackter junger Männer (sog. Kouroi; Sg. Kouros) sowie aus unterschiedlichen Epochen stammende Bronzestatuetten von Pferden und zahlreiche Sportgeräte. Besonderes Interesse als Reste des einstigen Kultinventars verdienen zwei Weihwasserbecken (gr. *perirrhanteria*; Sg. *perirrhanterion*). Das steinerne Exemplar wird von drei Frauenfiguren, die auf Löwen stehen getragen. Die Frauen halten die Löwen dabei an Schwanz und Halsband fest. Sehenswert sind darüber hinaus die Unterwasserfunde aus dem römischen Hafen Kenchreai wie Holz- und Elfenbeinschnitzereien sowie v. a. die Glasintarsien aus dem 4. Jh. n. Chr., die für einen Fußboden bestimmt waren und in einem Nebenraum des Isis-Heiligtums von Kenchreai gefunden wurden (Abb. 19). Man erkennt darauf in einer idyllischen Landschaft diverse Gebäudekomplexe.

Abb. 19 Glasintarsien aus Kenchreai; Isthmia, Museum

Ein schweres Schicksal traf die Korinther im Jahr 146 v. Chr. Die einstmals bedeutende Handelsmetrople und Mutterstadt zahlreicher Kolonien wurde dem Erdboden gleichgemacht. Die römischen Legionen unter Führung des Lucius Mummius Achaicus mordeten und brandschatzten hier ohne Rücksicht. Erst ein anderer Feldherr Roms, der berühmte Gaius Iulius Caesar, ließ an Ort und Stelle wieder mehr als nur Gras wachsen.
So entstand bald eine neue blühende Polis, deren gut erhaltene römische Bauten zu einem Besuch einladen. Es gibt zudem ein Museum mit qualitätvollen Exponaten.

05 KORINTH – AUFERSTANDEN AUS RUINEN, DORT WO DER HUND BEGRABEN LIEGT

Wer heute nach Korinth (Ausgrabungsgelände beim alten Dorf Korinth, Palea bzw. Archea Korinthos; nicht zu verwechseln mit Neu-Korinth, Korinthos, direkt am Meer) kommt, findet im Gegensatz zu Pausanias am Tor keinen begrabenen Hund mehr vor. Dieser sah hier (2, 2, 4) das Grab des von den Griechen wegen seiner extrem einfachen Lebensweise Kyon (gr. Hund) genannten Wanderphilosophen Diogenes (ca. 413–323 v. Chr.). Bekannt ist er auch als Diogenes in der Tonne, da er häufiger in einem großen tönernen Vorratsgefäß (gr. *pithos*) übernachtet haben soll. Die bekannteste Anekdote von ihm spielt in Korinth. Sie lautet, Diogenes habe Alexander dem Großen auf dessen Frage, was er für ihn tun könne, einfach geantwortet, er möge ihm aus der Sonne gehen (Cicero, Tusculanae disputationes 5, 92; Plutarch, Leben Alexanders 14). Schauplatz dieser Begegnung der besonderen Art war ein Zypressenhain vor der Stadtmauer Korinths, das Kraneion, in dem es einen Heiligen Bezirk des Bellerophon, einen Tempel der Aphrodite und passenderweise ein Grab der bekannten, von den Korinthern hochgeschätzten Prostituierten Laïs gab (Pausanias 2, 2, 4–5). Auf dem letztgenannten Monument saß die Figur einer Löwin, die zwischen ihren Vorderpranken einen Widder hielt. Bevor Pausanias schließlich Richtung Agora geht, bemerkt er noch treffend, dass die meisten Sehenswürdigkeiten der Stadt nicht alt, sondern der späteren Blütezeit zu verdanken seien (2, 2, 6).

Er fasst damit die Geschichte der auf einem Plateau an der Nordflanke eines 575 m hohen, die Landzunge dominierenden Berges liegenden Stadt äußerst knapp zusammen. Es gab ein altes und ein neues Korinth. Die alte Siedlung hatte von der fruchtbaren Küstenebene, die sie beherrschte, und insbesondere der günstigen Lage am Isthmos seit ihren Anfängen um 1000 v. Chr. extrem profitiert. Der im Süden nahbei liegende uneinnehmbare Hausberg bot lange Zeit ausreichend Schutz. So konnte sich hier bereits seit dem 8. Jh. v. Chr. einer der mächtigsten griechischen Stadtstaaten entwickeln. Die Polis betrieb einen intensiven Handel mit der östlichen Ägäis, gründete zahlreiche Koloniestädte und wurde auf diese Weise zu einem Hotspot der Vermittlung (nah)östlicher Waren, Fertigkeiten und Sitten. Die in der Stadt produzierte gelbtonige korinthische Keramik war ein wahrer Exportschlager. Korinths Stellung als kunsthandwerkliches Zentrum wird allein dadurch ersichtlich, dass seine Töpfer die sog. schwarzfigurige Maltechnik (schwarze Silhouettenfiguren mit reicher Binnenzeichnung durch Ritzung) sowie die ersten Tondächer erfanden, und hier auch erstmals ein Tempel auf beiden Seiten Giebel erhielt. Der Dichter Pindar hat dies in die poetische Frage gekleidet, wer denn den König der Vögel (gemeint ist der Adler mit ausgebreiteten Schwingen) zweimal auf das Dach gesetzt habe. Andere Dinge wie ein besonderes Zaumzeug (auch Pindar) und wahrscheinlich die Kampfesweise in der Phalanx seien nur am Rande erwähnt. Korinth war demzufolge im 7. und frühen 6. Jh. v. Chr. zumindest in kultureller Hinsicht tonangebend für ganz Griechenland. Erst danach gelang es allmählich den Athenern, ihre korinthischen Konkurrenten zu überflügeln. Korinth blieb aber selbst in den Zeiten des Niedergangs mit zeitweise gut 100.000 Einwohnern eine beeindruckende Polis. Die Stadt konnte aber weder während der Perserkriege noch in den darauffolgenden Epochen je wieder an ihre alte Größe anknüpfen. Zusehends wurde sie zu einem Spielball der eigentlich Mächtigen. Ihr Ende 146 v. Chr. wurde bereits erwähnt. Von dieser Katastrophe blieben anscheinend lediglich der Apollon-Tempel und wenige andere Baudenkmäler im Zentrum verschont. Umso atemberaubender fiel der Aufstieg Korinths aus, nachdem Caesar sich 44 v. Chr. zu einer Neugründung an der alten Stelle entschlossen hatte. Bedingt durch die geographische Lage avancierte die Stadt bald wieder zu einer wichtigen Handelsmetropole, die später sogar Sitz des römischen Statthalters wurde. Der Apostel Paulus predigte hier und schrieb den Korinthern Briefe, die heute zu den kanonischen Bibeltexten gehören. Dieser neue Glanz war zum Teil mit kaiserlichen Baustiftungen möglich geworden. So finanzierte Kaiser Hadrian den Bau einer von Stymphalos hierherführenden großen Wasserleitung (Pausanias 2, 3, 5). Korinth blieb auch in der Spätantike bedeutend. Die Stadt war der wichtigste Bischofssitz in Südgriechenland. Ab dem 4. Jh. n. Chr. kam es aber immer wieder zu militärischen (Invasionen) und natürlichen (Erdbeben, Seuchen) Katastrophen, sodass seit etwa 600 n. Chr. Korinth weitgehend seine Einwohner verlor. Nach der Wiedereroberung der Gebiete durch Byzanz gab es einen bescheidenen Neuanfang. Korinth wurde zu einem Ort für Glas-, Keramik- und Seidenproduktion. Unter türkischer Herrschaft war es allerdings nur noch ein unbedeutendes, allenfalls für die Produktion süßer Rosinen, den sog. Korinthen bekanntes Dorf.

Wie bereits erwähnt, wusste schon Pausanias, dass die zu seiner Zeit zu sehenden Bauten und damit die überwiegende Mehrheit der heute erhaltenen Ruinen in der Regel erst aus der römischen Epoche stammen. Entgegen seiner Besichtigungstour (2, 2, 6–2, 4, 5) sieht der moderne Reisende als erstes von der Straße aus die Ruinen des vom Weg durchschnittenen sog. Nordmarktes (Fußbodenmosaike mit geometrischen Mustern; Abb. 20 Nr. 5) und an der Westseite des Parkplatzes ein Theater (Abb. 20 Nr. 47) sowie ein kleineres Odeion (gedecktes Theater; Abb. 20 Nr. 46). Dominierend sind aber v. a. die Reste des Mitte des 6. Jhs. v. Chr. errichteteten archaischen Apollon-Tempels (Abb. 20 Nr. 4), von dem immerhin an der südlichen Ecke noch sieben der einstmals 6 x 15 dorischen Säulen aufrechtstehen (Abb. 21). Er hat zwei Cellaräume, und im kleineren könnte das Kultbild von Apollons Schwester Artemis auf der dort erhaltenen Basis gestanden haben. Die am Bauwerk an manchen Stellen zu erkennenden groben Putzschichten dürften von der Erneuerung des Baus in römischer Zeit herrühren. Im späten 6. Jh. n. Chr.

Abb. 20 Plan von Korinth

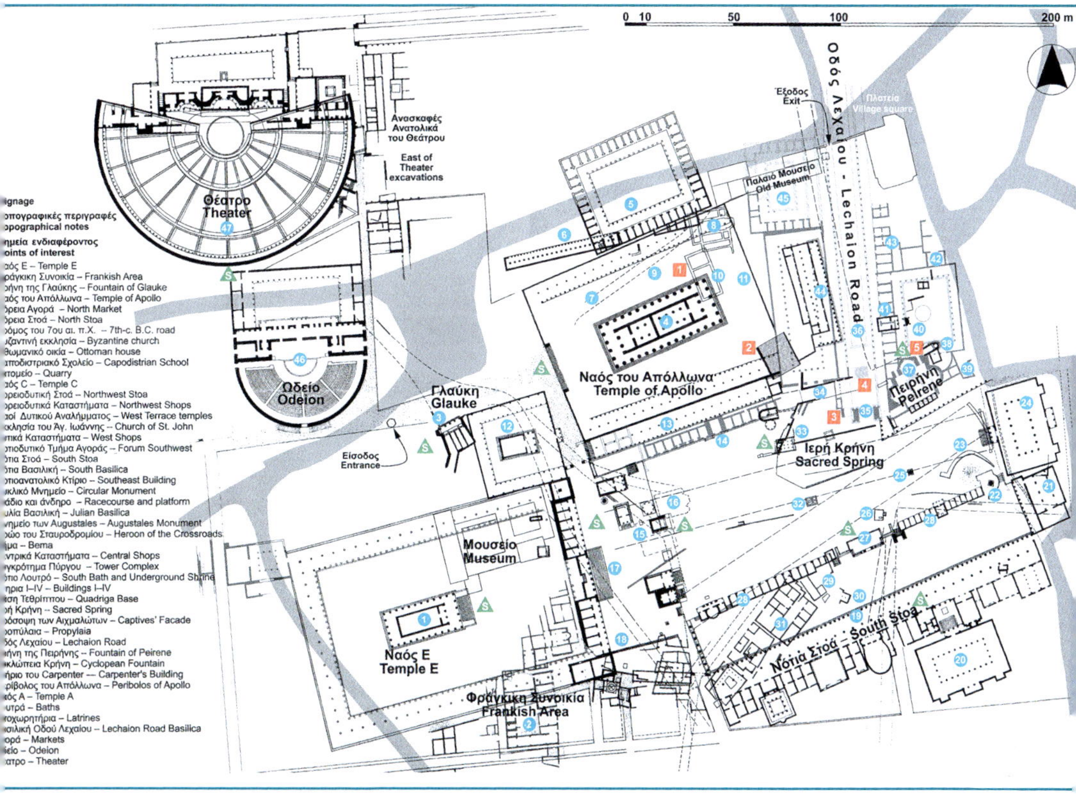

Abb. 21 Apollon-Tempel von Korinth mit Akrokorinth im Hintergrund

errichtete man vor seiner Nordostecke eine christliche Basilika (vgl. Abb. 20 Nr. 8).

Direkt am Eingang zur Ausgrabungsstätte liegt die Glauke-Quelle (Pausanias 2, 3, 6). Sie ist nach der korinthischen Königstochter Glauke (auch Krëusa) benannt, die sich hier in einem brennenden Kleid in das kühlende Wasser gestürzt haben soll (vgl. Abb. 20 Nr. 3). Das vergiftete Geschenk war eine Hochzeitsgabe der kolchischen Prinzessin und Zauberin Medea, das sie von ihren Söhnen überreichen ließ. Sie tat dies als ersten Teil ihrer Rache an Iason, dem sie das Goldene Vlies verschafft hatte, der sie aber für die Tochter des korinthischen Königs Kreon endgültig verlassen wollte. In den hier natürlich anstehenden Felsen wurden vier Kammern, Wasserrinnen und Treppenstufen geschlagen. In seiner Nähe muss sich das Grabmal der anschließend von den Korinthern unschuldigerweise als Todesboten gesteinigten Kinder der Medea befunden haben (2, 3, 6–7). Der Weg führt weiter auf das moderne Museumsgebäude zu, das aber zunächst buchstäblich links liegen gelassen werden sollte. Auf der Rückseite des Baus trifft man auf einen kaiserzeitlichen Tempel mit einem typischerweise hohen Podium, der allerdings eine bei römischen Kultbauten unübliche umlaufende Stellung von 6 x 12 Säulen besaß (vgl.

Abb. 20 Nr. 1). Er wird in der Forschungsliteratur als Tempel E bezeichnet. Ob er der Octavia, der Schwester des Augustus zugewiesen werden kann, die eine Zeitlang in Giechenland lebte, ist fraglich. Zwar erwähnt Pausanias einen solchen Bau oberhalb der Agora (2, 3, 1), doch stammt das Gebäude selbst erst aus claudischer Zeit (40 n. Chr.) Von hier ergibt sich ein guter Blick auf die tieferliegende Agora, das römische Forum. Unterhalb des Plateaus mit dem Tempel E werden als erster Gebäudekomplex der Agora die im 1. Jh. n. Chr. erbauten und nach dem Erdbeben von 375 n. Chr. erneuerten Westläden sichtbar, deren Mitteltrakt architektonisch besonders hervorgehoben war und genau in der Achse des Tempels E lag (vgl. Abb. 20 Nr. 17). An ihrer nördlichen Schmalseite schloß sich ein an drei Seiten (an der vierten, der Ostseite ist es nur eine Mauer) von Säulenhallen eingefaßter Platz an, in dessen Mitte der sog. Tempel C (Hera?) stand (vgl. Abb. 20 Nr. 12). Die Westläden öffneten sich an ihrer östlichen Langseite zu einer Reihe von römischen Tempeln hin (vgl. Abb. 20 Nr. 15). Es handelt sich hierbei um sechs kleine Podien-Tempel, von denen fünf mit ihrer jeweiligen Säulenfront und Freitreppe nach Osten zur Agora weisen. Ein sechster Bau ist nach Süden orientiert. Die Zuschreibungen der zwischen 35 und 190 n. Chr. entstandenen Bauten an bestimmte Götter ist äußerst problematisch. Ein vor dem einzigen nach Süden orientierten Tempel stehendes korinthisches Rundtempelchen trägt eine Weihinschrift zu Ehren eines Babbius Philinus (reicher Privatmann, der in Korinth verschiedene Ehrenämter bekleidete). Inschriftlich sind zudem die Kaiser Traian und Antoninus Pius belegt.

Damit wäre der Platz der Agora bzw. des römischen Forums erreicht. Auf seiner linken nördlichen Seite wird er von den sog. Nordwestläden aus dem 3. Jh. n. Chr. begrenzt, die teilweise gut erhaltene Gewölbe aufweisen (vgl. Abb. 20 Nr. 14). Vor den eigentlichen Ladenräumen befand sich eine zum Forum hin offene Säulenreihe. Hinter dem Gebäudekomplex kamen bei den Ausgrabungen die Reste einer älteren Säulenhalle zum Vorschein (vgl. Abb. 20 Nr. 13). An der Ostecke der Nordwestläden schloss unmittelbar ein zweistöckiges Gebäude mit Prunkfassade (Barbarenstatuen im Museum) an (vgl. Abb. 20 Nr. 34). Davor liegen die Reste der sog. Heiligen Quelle (vgl. Abb. 20 Nr. 33). Sie war mit einem Orakelheiligtum verbunden. Eine Mauer mit dorischem Gebälk (Metopen und Triglyphen) bildete zur Agora hin die Front. Von hier führte eine Treppe zur eigentlichen Brunnenkammer hinab. Das Wasser floß aus bronzenen Wasserspeiern (im Museum). Etwa 10 m nördlich des Quellhauses scheint unter der römischen Ladenzeile ein Teil des Orakelbezirks erhalten zu sein. In einem apsidialen Raum stand ein Rundaltar. Ein niedriger Gang stellte die Verbindung zur Quelle her.

An der Südseite der Agora legten die Römer weitere Ladenzeilen an, die zugleich als Terrassierung für den höher gelegenen Südtrakt der Agora dienten. Die dort stehende 165 m lange Säulenhalle (gr. *stoa*) ionischer Ordnung wurde bereits im 4. Jh. v. Chr. errichtet und kurz vor der Zerstörung der Stadt im 2. Jh. v. Chr. noch einmal erneuert (vgl. Abb. 20 Nr. 19). In den Räumen hinter der Stoa befand sich die unter Kaiser Claudius (reg. 41–54 n. Chr.) erbaute Curia der römischen Stadt. Sie weist einen apsidialen Abschluss auf, beherbergte einst diverse Kaiserstatuen (Museum) und scheint in der Regierungszeit Kaiser Hadrians (reg. 117–138 n. Chr.) erneuert worden zu sein. Hinter dieser Reihe von Räumen errichtete man zusätzlich im 1. und/oder 2. Jh. n. Chr. eine Basilika (vgl. Abb. 20 Nr. 20). In der Mitte der unteren Ladenzeile (vgl. Abb. 20 Nr. 28), die an ihrer Ostseite von einem kleinen Dionysos-Heiligtum beschlossen wird, ragt eine Rednertribüne (Bema) hervor, von der Reste der Marmorverkleidung und eines sorgfältig ornamentierten Sockelprofils erhalten geblieben sind (vgl. Abb. 20 Nr. 27). Der römische Statthalter hielt hier seine Reden und Herolde verkündeten Wichtiges. Zugleich gilt das Bema als der Ort, an dem der Apostel Paulus, der als Zeltmacher anderthalb Jahre in Korinth in der jüdischen Gemeinde lebte, zu den Gläubigen gesprochen haben soll, was sicherlich nicht der historischen Realität entspricht. Vielmehr dürfte der Statthalter hier über ihn zu Gericht gesessen haben, nachdem seine jüdischen Mitbürger Paulus im Jahr 52 n. Chr. bei der römischen Obrigkeit wegen seiner offensichtlich unwillkommenen Missionstätigkeit angeklagt hatten (Apostelgeschichte 18). Gleichwohl gestaltete man diese Plattform im 10. Jh. zu einer kleinen Gedenkkapelle um, die heute noch Ziel von Pilgern ist, die dort Gottesdienste im Freien abhalten.

Die östliche Schmalseite der Agora wird von einem weiteren Hallenbau dominiert (vgl. Abb. 20 Nr. 24). Hier stand die durch eine Freitreppe mit dem Platz verbundene Basilica Iulia. Die darin gefundenen Porträtstatuen des Kaisers Augustus sowie seiner Adoptivsöhne Gaius und Lucius Caesar, die zugleich seine leiblichen Enkel waren, befinden sich im Museum (vgl. Abb. 24). Kaiser Claudius gab den Befehl zur Erbauung der Anlage, die später in eine christliche Kirche umgewandelt wurde. Ein danebenliegender, sehr schlecht erhaltener sog. Südostbau wird als Archiv (lat. *tablinum*) gedeutet (vgl. Abb. 20 Nr. 21).

An der Nordwestecke der Basilika Iulia biegt der Forumplatz zum Norden hin um. Seine nordwestliche Hälfte (sog. Nordwestläden) wurde bereits oben beschrieben, die nordöstliche, welche direkt an die Basilika angrenzt, fehlt dagegen zu größeren Teilen noch. Erwähnt wurde hiervon bislang nur der zweigeschossige Bau von etwa 160 n. Chr. mit Prunkfassade (Barbarendarstellungen; vgl. Abb. 20 Nr. 34). Neben ihm befand sich eine Freitreppe, über die es hinab zur Lechaion genannten Säulenstraße (vgl. Abb. 20 Nr. 36) ging, die mit ihrer aufwändigen Marmorpflasterung direkt zum gleichnamigen Hafen von Korinth führte. An ih-

Abb. 22 Peirene-Brunnen in Korinth

rem Beginn erhob sich ein monumentaler mit korinthischen Halbsäulen geschmückter römischer Bogen (vgl. Abb. 20 Nr. 35), der zwei vergoldete Viergespanne des Sonnengottes Helios und des Phaeton trug (Pausanias 2, 3, 2). An seiner rechten östlichen Seite befindet sich die Südwand der Peirene-Quelle (vgl. Abb. 20 Nr. 37), die unmittelbar an die Nordwestecke der Basilica Iulia angrenzt. Der Zugang zu diesem monumentalen Brunnen erfolgte laut Pausanias von der Säulenstraße aus, der zudem berichtet, Peirene habe aus Trauer über den Tod ihres Sohnes Kenchrias derart heftig geweint, dass sie von einem Menschen zu einer Quelle geworden sei (2, 3, 2). Pausanias erwähnt ferner eine marmorne Ausstattung, Kammern wie Höhlen und einen freiliegenden Brunnen für das aus den Höhlen fließende, von ihm ausdrücklich als süß bezeichnete Wasser (2, 3, 3). In der Tat sprudeln die Quellen hier direkt aus dem Felsen heraus (Abb. 22). Die 20 m langen tunnelartigen Kammern könnten schon in archaischer Zeit angelegt worden sein. Die ganze Anlage wurde in der Folgezeit jedenfalls mehrfach umgebaut. Im frühen Hellenismus fasste man die Quellausgänge mit einer teilweise ebenfalls aus dem Felsen gehauenen Pfeiler- und Halbsäulenarchitektur neu ein. An den Wänden sind noch Freskenreste des 2. Jhs. n. Chr. (?) mit realis-

Abb. 23 Lechaion-Straße in Korinth

tischen Fischdarstellungen zu erkennen. Der den Brunnenhof einrahmende herzblattförmige Gebäudekomplex stammt ebenfalls aus dem 2. Jh. n. Chr. und ist typisch für die hadrianische Baukunst. Ins Auge fallen v. a. drei überwölbte Apsiden mit großen Wandnischen zur Aufnahme dekorativer Marmorstatuen. Die Wände aus Kalksteinquadern waren ehemals mit farbigen Marmorplatten verkleidet. Mosaiken schmückten die Fußböden. Die Finanzierung dieser römischen Umgestaltung wird Herodes Atticus zugeschrieben. Der Brunnen wurde noch in Spätantike und frühem Mittelalter intensiv genutzt. An den Peirene-Bezirk grenzte nördlich ein Heiligtum des Apollon mit römischem Peristylhof (einige Säulen wieder aufgestellt) an, unter dem die Reste des kleinen sog. Tempels A aus dem 5. Jh. v. Chr. liegen (vgl. Abb. 20 Nr. 40). Hier stand eine Bronzestatue des Gottes, und es war ein Gemälde zu sehen, das Odysseus bei der Tötung der Freier zeigte (Pausanias 2, 3, 3). Gefolgt wird diese Anlage in nördlicher Richtung von einer Latrine (vgl. Abb. 20 Nr. 43) und abschließend den von Eurykles gestifteten und nach ihm benannten Bädern. Auf der gegenüberliegenden Westseite der Straße (Abb. 23) gab es noch einen Baukomplex (vgl. Abb. 20 Nr. 45) und eine weitere Basilika (1. Jh. n. Chr.; vgl. Abb. 20 Nr. 44). Beide sind teilweise bereits in den Hügel eingebettet, auf dem der Tempel des Apollon steht (vgl. Abb. 20 Nr. 4). Steigt man zu ihm hinauf, kann die Besichtigung des Zentrums von Korinth als weitgehend abgeschlossen gelten. Die nördlich des Tempels zu sehenden Reste einer Halle des 5. Jhs. v. Chr. (vgl. Abb. 20 Nr. 6) sowie des bereits erwähnten sog. Nordmarktes (kleineres römisches Forum? vgl. Abb. 20 Nr. 5) bieten nichts Besonderes. Es fehlen jetzt nur noch die sich außerhalb des umzäunten Geländes befindenden und ebenfalls bereits kurz erwähnten Gebäude eines Odeions sowie eines Theaters.

Bevor sich diesen zugewendet werden kann, sollte zunächst das Museum von Korinth besucht werden. Zu sehen sind hier zahlreiche qualitätvolle Arbeiten. Eine kleine Auswahl muss genügen: Kleinfunde von prähistorischer bis römischer Zeit, viele Stücke korinthischer Keramik, tönerne Sphinx vom Dach eines um 540 v. Chr. entstandenen Tempels, archaische Marmor-Grabsphinx um 550 v. Chr., neugefundene archaische Marmorkouroi aus illegalen Raubgrabungen in der Korinthia, tönerne sowie steinerne Gliedmaßen aus dem Asklepieion, Statuen der iulisch-claudischen Kaiserdynastie (Abb. 24), Mosaiken einer römischen Villa westlich der Agora mit arkadischen Motiven (in kleinen Bildmedaillons: Fruchtkörbe, Blüten, an Trauben pickende Hähne, Ziege unter Baum; in der Rankenbordüre: Kentauren verfolgen spielerisch Panther), ein Rundmosaik mit Dionysos im Zentrum (der Gott trägt einen Kranz aus Blüten und Früchten), römische Idealskulpturen (Götter etc.), gefangene Orientalen von der Barbarenfassade, im Innenhof weitere römische, spätantike und frühbyzantinische Skulpturen, römische Gläser und Keramik sowie bildverzierte byzantinische Keramik des 12. und 13. Jhs., Figuralkapitelle mit gefesselten Barbaren, langer Fries vom Bühnengebäude des Theaters aus dem 2. Jh. n. Chr. (Themen: Kampf der Götter gegen die Giganten, Kampf der Griechen gegen die Amazonen, Taten des Herakles).

Mit den Bauten außerhalb des umgrenzten Ausgrabungsgebietes beginnt die Besichtigung des Umlandes von Korinth. Zur Stadt selbst zählen eigentlich noch das Odeion aus dem 1. Jh. n. Chr. (vgl. Abb. 20 Nr. 46) und das bereits im 5. Jh. v. Chr. erstmals angelegte Theater (vgl. Abb. 20 Nr. 47) in der Nähe des Parkplatzes. Vom Museum aus gesehen kommt als erstes das Odeion in den Blick. Die für ca. 3000 Zuhörer ausgerichteten Sitzstufen und die zum Zuschauerraum führenden gewölbten Zugänge sind ebenso wie das Bühnengebäude teilweise direkt aus dem hier natürlich anstehenden Felsen herausgehauen worden. Der Bau wurde um 175 n. Chr. von Herodes Atticus mit Marmorplatten und Mosaiken neu ausgestattet. Ein um 220 n. Chr. erfolgter Brand machte eine Restaurierung notwendig. Bei dem anschließenden Umbau gestaltete man das Zuschauerrund und das Bühnengebäude so, dass es auch für Gladiatorenkämpfe genutzt werden konnte. Sehr viel schlechter blieb dagegen das Theater für ehemals 18000 Zuschauer erhalten. Die heute sichtbaren Reste stammen erst aus dem 4. Jh. v. Chr. und dem 3. Jh. n. Chr., als auch dieser Bau für Gladiatorenspiele und Tierhatzen umgerüstet wurde. Die dabei aufgerichteten 3 m hohen Schrankenplatten sollten die Zuschauer vor den wilden Tieren schützen. Laut Pausanias (2, 4, 5) ist in der Nähe Athena Chalinitis in einem Heiligtum verehrt worden, und oberhalb des Theaters existierte ein Heiligtum des Zeus Koryphaios (auf dem Gipfel). Beide sind archäologisch nicht wirklich nachgewiesen. Dies gilt nicht für das ebenfalls in der gleichen Textstelle bei Pausanias genannte, etwa 600 m nördlich des Grabungsareals auf einem vorspringenden Felssporn liegende künstlich abgearbeitete Plataeu mit dem Asklepios-Heiligtum und dem sog. Lerna-Brunnen (Achtung Schlangengefahr). Der Reiseschriftsteller erwähnt freilich zusätzlich ein Gymnasion, an dem die Göttertempel für Zeus (Kultstatue aus Bronze) und Asklepios (Marmorkultbilder für Asklepios und Hygieia) gelegen hätten. Auf dem Felsboden sind Spuren eines kleinen Tempels aus dem 4. Jh. v. Chr. zu erkennen, der offenbar an der Front Säulen besaß. Dieser stand in der Mitte eines Säulenhofes. Im Westen gab es auf tieferem Niveau Bankettträume, deren steinerne Klinen teils erhalten sind. Aus dem Felsen fließt die Lerna-Quelle. Ähnlich wie bei der Peirene-Quelle gibt es hier ein Brunnenhaus mit tunnelartigen Einschnitten im Fels und darüber einer Architekturfassade. Der Vollständigkeit halber erwähnt seien noch die Reste einer römischen Villa (600 m westlich des Hauptbezirks) und zweier frühchristlicher Basiliken des 5./6. Jhs. (eine neben der Autobahnausfahrt Palea Korinthos; die andere 1 km nordöstlich des römischen Forums).

Abb. 24 Statuen des Augustus, Gaius und Lucius Caesar aus der Basilika; Korinth, Museum

Man sollte es kaum für möglich halten, dass hier in schwindelnder Höhe ein ehemals stark frequentiertes Aphrodite-Heiligtum existiert haben soll, in dem angeblich 1.000 Frauen zu Ehren der Göttin freiwillig Geschlechtsverkehr mit Männern ausübten. Diese dürften sich vorher freilich erst einmal ausgeruht haben, denn der Aufstieg hierher ist alles andere als leicht und kostet, sofern man zu Fuß geht, viel Kraft. Ob solche von Reiseführern gerne breit getretene Anekdoten tatsächlich der Realität entsprochen haben, ist zudem fraglich.

06 AKROKORINTH – UNEINNEHMBARE FESTUNG UND ANGEBLICHES SEXPARADIES

Auf dem Weg hoch nach Akrokorinth, das Helios angeblich der Aphrodite überlassen habe, zählt Pausanias nacheinander mehrere Heilige Bezirke auf, ein Heiligtum der Isis, zwei des Serapis, Altare des Helios, ein Heiligtum der Anake und Bia (Notwendigkeit und Zwang), einen Tempel und Thron der Göttermutter, einen Tempel der Moiren und der Demeter sowie Kore, ein Heiligtum der Hera Bounaia und schließlich auf Akrokorinth selbst einen Tempel der Aphrodite (2, 4, 6–7). Von den am Weg liegenden Kultstätten ist lediglich das an der Straße hoch nach Akrokorinth oberhalb der Reste einer türkischen Brunnenanlage am Hang nachgewiesene Heiligtum für Demeter und Persephone bekannt. Der Zugang erfolgt von einer Straßenkehrung weiter oben aus. Das Heiligtum selbst erstreckt sich über drei Terrassen, auf deren untersten in archaischer Zeit bis zu 100 Personen in 14 Bankettträumen an den Opferfeiern teilnehmen konnten; in klassischer Zeit waren es nach einer Erweiterung sogar 200. Die Opferhandlungen selbst fanden auf der mittleren Terrasse statt. Dort dürfte auch die Mehrzahl der Weihgeschenke deponiert gewesen sein. Auf der Terrasse darüber gab es ein kleines Felstheater, von dem nur noch einzelne Trümmer sowie direkt in den Felsen gehauene Stufen und der Rest eines kaiserzeitlichen Mosaikfußbodens künden.

Hat man endlich Akrokorinth selbst erreicht, steht man vor der gewaltigsten Festung Griechenlands (Abb. 25–26). Dieser schroffe Felsen ist in früheren Zeiten praktisch uneinnehmbar gewesen. Die Mauern zogen sich entlang der steilen Felskanten. Sie schützten ein riesiges Innengelände, das der Aufnahme großer Mengen von flüchtenden Menschen und ihrem Viehbesitz diente. Eine erste Befestigung könnte es hier schon im 7. Jh. v. Chr. gegeben haben, wobei die ältesten der erhaltenen Mauern allerdings erst aus dem 4. Jh. v. Chr. stammen. Hierzu gehören die

Abb. 25 Blick über die Festung nach Norden

Reste eines monumentalen Turms oberhalb des heutigen Eingangs. Im 6. Jh. n. Chr. ließ Kaiser Iustinian den Befestigungsring weiter ausbauen. Im 11. und 12. Jh. folgten ihm darin die Byzantiner, im 13. Jh. die Franken, nach 1458 die Türken und nach 1687 die Venezianer. Ab 1822 stand das gesamte Gelände unter Kontrolle der aufständischen Griechen. Wegen der vielen nachantiken Aus- und Umbaumaßnahmen blieben nur vergleichsweise wenig antike Mauerreste übrig, die sich freilich gut von denen der späteren Perioden unterscheiden. Die großen Buckelquader aus grauem Kalkstein sind leicht erkennbar. Dies gilt insbesondere für den bereits erwähnten Turm, in dessen unterem Teil sich die antiken Mauerreste deutlich von den später aufgesetzten Außenwandpartien unterscheiden lassen.

Von dem einst direkt auf dem Gipfel liegenden Aphrodite-Heiligtum blieben nur wenige kümmerliche Reste. Pausanias sah hier noch das Kultbild der Göttin, die Waffen trug, und Statuen des Helios und des Eros mit seinem Bogen (2, 4, 7). Nach der Schließung des Heiligtums und des Kultverbots durch Kaiser Theodosius wurde in den Tempel eine

Abb. 26 Blick auf Akrokorinth

kleine christliche Kirche eingerichtet und das Ganze später in einen Wachturm umgebaut. Außer einigen im Gelände liegenden Steinen blieb nicht viel davon übrig. Dafür entschädigt die fantastische Sicht, die man von dieser Stelle aus genießen kann.
Pausanias erwähnt hinter dem Tempel als Geschenk des Asopos an Sisyphos eine Quelle (2, 5, 1), von der dagegen Reste die Zeiten überdauert haben. Diese liegen unterhalb des Gipfels im Südosten des Burgareals in der Nähe neuzeitlicher Ruinen. Über eine Treppe gelangt man hinab zu einer zweitürigen Fassade mit flachem Giebel, hinter der sich eine gewölbte kleine Halle erstreckt, deren Bausubstanz noch weitgehend antik, genauer gesagt hellenistisch (Wände) bzw. römisch (Gewölbe), ist. Beim weiteren Rundgang durch Akrokorinth stößt man auf viele nachantike Baureste, die v. a. die Franken, Venezianer und Türken hier hinterlassen haben. Manche der damals angelegten Befestigungstürme und Bastionen bieten zum Teil spektakuläre Ausblicke auf die umliegende Landschaft einschließlich des Meeres.

Wo ehemals hektisches Treiben tobte, herrscht heute Stille und es regiert das Meer. Weitgehend untergegangen sind die beiden Häfen Korinths. Bei ruhiger See kann man jedoch Teile des Versunkenen am Meeresboden liegend erkennen; und an Land stehen die Reste einer frühchristlichen Basilika.

07 LECHAION UND KENCHREAI – ANTIKER WELTHANDEL VOM MEER VERSCHLUNGEN

KORINTHIA

Die Häfen Korinths hießen nach Leches und Kenchrias, den beiden Söhnen des Meeresgottes Poseidon und der Acheloostochter Peirene, Lechaion und Kenchreai (Pausanias 2, 2, 3). In Lechaion gibt es an der alten von Korinth nach Patras führenden Landstraße direkt am Strand westlich einer deutlich zu erkennenden Sanddüne (ausgeschildert) die Grundmauern und Säulenfragmente einer sehr großen christlichen Kirchenbasilika zu sehen (Abb. 27). Errichtet wurde sie um die Mitte des 5. Jhs. n. Chr. auf Befehl Kaiser Markians. Unter Kaiser Iustinian scheint sie im darauffolgenden Jahrhundert umgebaut worden zu sein. Geweiht war sie Bischof Leonidas und sieben Jungfrauen, die bei den Christenverfolgungen des Kaisers Decius (reg. 249–251 n. Chr.) den Märtyrertod erlitten hatten. Mit ihrer Länge von 180 m gehörte sie damals zu den größten Kirchenbauten ganz Griechenlands. Die Basilika besaß ein dreischiffiges Langhaus mit halbrunder Apsis und umlaufenden Emporen. Bei der Erweiterung erhielt sie im Osten zwei zusätzliche Schiffe mit einem vorspringenden Querhaus. Die inneren Seitenwände wiesen eine Gliederung durch Pilaster und Blendarkaden auf, denen auf der Außenseite an den entsprechenden Stellen Strebepfeiler antworteten. Vor dem Narthex im Westen lag ein halbrunder Hof mit Wasserbecken und davor ein rechteckiger Hof. Zusätzlich gehörten zwei Baptisterien zu diesem riesigen Komplex. Der eigentliche Hafen mit seinen Gebäuden, darunter das Heiligtum des Poseidon mit seiner Bronzestatue (Pausanias 2, 2, 3) und den Kaianlagen, ist bis auf eine Mole dagegen vollständig verschwunden. Es braucht schon einiges an Fantasie, um sich vorstellen zu können, das Lechaion in spätantiker Zeit das Zentrum für den gesamten Westhandel war.

Korinths Osthafen Kenchreai (modern Kechries) am Saronischen Golf wird 4 km südlich von Isthmia unterhalb der nach Epidauros führenden Straße erreicht. Hier existierte bereits in vorrömischer Zeit ein kleinerer Hafen, der aber so richtig erst unter den römischen Kaisern zum Warenumschlagsplatz für den kompletten Osthandel ausgebaut worden ist. Pau-

lus gründete hier eine Gemeinde (Römerbrief 16,1; Apostelgeschichte 18) und segelte von diesem Hafen aus nach Ephesos. Ein Erdbeben des 4. Jhs. n. Chr. sorgte für große Zerstörungen. Infolge dieses seismischen Ereignisses senkte sich die Küste um gut 2 m, worauf das Meer große Teile der Siedlung überflutete. Pausanias nennt für Kenchreai verschiedene Sehenswürdigkeiten. An dem vom Isthmos hierherführenden Weg gab es einen Artemis-Tempel mit einem alten hölzernen Kultbild, und im Hafenbereich selbst hält er einen Tempel der Aphrodite mit ihrer Marmorstatue, die Mole mit der Bronzestatue des Poseidon und die am anderen Ende des Hafens liegenden Heiligtümer des Asklepios und der Isis für erwähnenswert (2, 2, 3). Im Norden des Areals blieben bis heute ein Wachturm sowie Ziegelmauern einer römischen Villa und im Süden Reste einer Halle mit Marmorpflasterung erhalten. Im flachen Wasser kann man teilweise noch die Fundamente langer Reihen von Lagerhäusern erkennen sowie dazwischen Reste einer christlichen Basilika des 6. Jhs., die das bei Pausanias erwähnte kaiserzeitliche Isis-Heiligtum über-

Abb. 27 Lechaion, Blick auf die frühchristliche Basilika

Abb. 28 Kenchreai, Reste des Isis-Tempels und der frühchristlichen Basilika

deckte (Abb. 28). Hier wurden die farbigen Glasbilder gefunden, die heute im Museum von Isthmia zu sehen sind (vgl. Abb. 19).

Die aus einzelnen farbigen Glasteilen mosaikartig zusammengesetzten Darstellungen gehören einer Gattung an, die mit einem lateinischen Ausdruck als *opus sectile* (wörtlich: geschnittenes Werk) bezeichnet wird. Die Bilder lagerten bei ihrer Entdeckung noch in zahlreichen Holzkisten, die am Südwestende des Hafens von Kenchreai an die Wand eines zentralen Raumes gelehnt waren. Die genaue Zahl der Kisten steht nicht fest. Es dürften aber mehr als 60 Stück gewesen sein. Der Fundort gilt als Teil des Isis-Heiligtums, sodass eventuell davon ausgegangen werden kann, dass diese Glasarbeiten zur Ausschmückung des Heiligen Bezirks bestimmt waren. Zur ihrer Anbringung ist es dann infolge des schweren Erdbebens (zwischen 365 und 375 n. Chr.) nicht mehr gekommen. Die einzelnen Paneele zeigen Fische und Meerestiere (darunter einen Oktopus), Fischer bei der Arbeit, Schiffe sowie Gebäude und sogar Standbilder. Zusammen ergeben die Darstellungen eine Art Hafenpanorama, das jedoch sicherlich nicht den Hafen von Kenchreai fotorealistisch abbildet.

Das in der Antike nicht unbedingt bedeutend zu nennende Kleonai lohnt sich dennoch als Reiseziel, da Archäologen hier gründliche Arbeit geleistet und zahlreiche Ruinen freigelegt haben. Hierzu zählt u. a. ein Heiligtum des Herakles, der hier auf seinem Weg nach Nemea Station machte.

08 KLEONAI – ZWISCHENSTATION DES HERAKLES AUF DEM WEG ZUM RUHM

Auf einer landschaftlich recht reizvollen, etwa 13 km langen (von Korinth aus gerechnet) Fahrt über Chiliomodi Richtung Süden, die dabei die alte von Korinth nach Tripoli führende Nationalstraße nutzend durch ein von Oliven- und Weinanbau sowie vielen Zypressen geprägtes Tal führt, sieht man zunächst bei dem Ort Agios Vassilios die Reste einer hoch über einer Schlucht auf einem steilen Fels liegenden Festung aus fränkischer Zeit. Kurz nach dem Ort darf die nach Westen führende Straßenabzweigung nicht verpasst werden. Die Reste des antiken Kleonai liegen im Bereich der heutigen Ortschaft Archees Kleones. Von hier aus sind es in östlicher Richtung nur noch knapp 1,6 km bis zu den Ruinen.

Kleonai selbst scheint bereits in mykenischer Zeit besiedelt gewesen zu sein, worauf u. a. Keramikfunde aus einem ca. 250 x 300 m großen Bereich auf dem westlichen Siedlungshügel aus dieser Epoche hindeuten. Kleonai wird sogar von Homer in der Ilias (2, 570) erwähnt; ein Kontingent aus der Stadt soll an der Seite der Mykener vor Troja gekämpft haben. Als mythischer Gründer gilt laut Pausanias (2, 15, 1) der namensgebende Heros Kleones, Sohn des Pelops und der Kleone. Und auch sonst spielt Kleonai im griechischen Mythos eine wichtige Rolle. So soll Herakles hier auf einer Art Zwischenstation bei einem recht armen Stadtbewohner namens Molorchos gewohnt haben, der dem Zeus ein Opfer darbrachte, nachdem sein Gast den Nemeischen Löwen erlegt hatte (Apollodor, Bibliotheke 2, 74–75). Kleonai war auch der Ort, an dem Herakles Kteatos und Eurytos tötete (Apollodor 2, 140), weil diese dem Augias im Kampf beigestanden hatten. Ebenfalls rein mythisch sind die Erzählungen von der späteren Landnahme durch die sog. Herakleiden, die die ursprüngliche Bevölkerung nach Kleinasien (Klazomenai) vertrieben hätten, wodurch Kleonai dorisch geworden sei (Pausanias 7, 3, 9). In der archaischen Epoche muss die Stadt jedenfalls recht bedeutend sowie wohlhabend gewesen sein, da sich sonst nicht erklären ließe, wie sie gemeinsam mit Argos im Jahr 573 v. Chr. die Nemeischen Spiele stiften

Literatur:

T. Mattern, Das „wohlgebaute Kleonai". Neue Ausgrabungen in einer Stadt des „Dritten Griechenlands". In: Antike Welt 2012, Heft 2, S. 46–54

Ders., Kleonai. Neue Forschungen in einer Stadt des „Dritten Griechenlands". In: Athenaia, Band 4, 2013, S. 323–332

Ders., Das Herakles-Heiligtum. Architektur und Kult im Kontext, Kleonai Band 1 (2015)

konnte, die immerhin mit denen von Delphi, Isthmia und Olympia bald zu den vier kanonischen panhellenischen Agonen zählten und in der griechischen Welt ein hohes Prestige besaßen.

Ein Grund für die Bedeutung Kleonais war sicherlich dessen strategische Lage. Die Stadt kontrollierte gewissermaßen den Landweg von Korinth auf die Peloponnes. In ihrer Blütezeit verfügte sie über ein gut 135 km^2 großes Hinterland, das im Norden vom Berg Apesas, im Westen vom Heiligtum von Nemea und im Süden vom Arachneogebirge begrenzt wurde sowie im Osten an das Gebiet der Nachbarstadt Tenea heranreichte. Nur 400 m nördlich der Stadt liegt das Flussbett des Longopotamos, der bei Kato Assos ins Meer mündet. Die gute Lage führte natürlich zu Begehrlichkeiten seitens benachbarter, mächtigerer Stadtstaaten wie Korinth und Argos, aber auch von größeren Hegemonialmächten wie Sparta, Athen und diversen griechischen Bünden bis hin zu hellenistischen Herrschern sowie schließlich den Römern. Die weitere Geschichte war daher äußerst wechselhaft. Immer wieder neue Verbündete gaben sich die Klinke in die Hand, und auch die Regierungsform wechselte häufiger. Folge hiervon waren zahlreiche militärische Konflikte, die schließlich zum Niedergang der Stadt führten. Als der Reiseschriftsteller Pausanias in der Regierungszeit des Antoninischen Kaiserhaues die Stadt besuchte, beschrieb er sie als nicht groß (2, 15, 1). Immerhin scheint Kleonai bis in frühbyzantinische Zeit (7. Jh.) besiedelt gewesen zu sein.

Erstes Forscherinteresse fand Kleonai schon im 19. Jh. Bereits 1811 konnten in der Nähe der antiken Stadt das Herakles-Heiligtum identifiziert und schließlich ein knappes Jahrhundert später auch archäologisch näher untersucht werden. Seit dem Jahr 2000 fanden weitere deutsche Ausgrabungen statt, die zu einer erneuten Freilegung des Herakles-Tempels, einer modernen Bauaufnahme seiner Reste, schließlich aber auch zu Untersuchungen inklusive geophysikalischer Prospektionen weiterer Gebiete der antiken Stadt (u. a. untere Akropolis und Agora) führten. Zusätzlich zu den in diversen Arealen zu sehenden antiken Ruinen ist der nahebei liegende Steinbruch von besonderem Interesse. Aus ihm stammt nicht nur das Baumaterial der Gebäude im Stadtbereich von Kleonai und dem Heiligtum für Herakles, sondern ebenfalls das für das nicht weit entfernte Zeus-Heiligtum von Nemea.

In der Antike lag Kleonai auf zwei Hügeln, wovon der östliche die Akropolis der Stadt trug. Das hier zur Verfügung stehende Gelände misst nur 80 x 180 m, weshalb südöstlich davon die sog. untere Akropolis auf einer größeren Terrasse angelegt wurde. Es dürfte sich dabei um eine Art Unterstadt gehandelt haben. Ursprünglich war nur die alte Akropolis von einer Stadtmauer umschlossen. Erst in einer zweiten Phase entstand dann eine 2,3 km lange Befestigung, die auf einer Gesamtfläche von jetzt 35 ha das gesamte Stadtgebiet einschließlich des westlich gelegenen Hügels sowie der südlichen Unterstadt miteinschloss. Die heutigen Besucher können vor Ort den Verlauf der Mauer zumindest in den Grundzügen noch nachvollziehen. Zwar sind der Großteil der polygonalen Mauern, die frühere Reisende hier gesehen haben, mittlerweile zu größeren Teilen verschwunden, doch haben einige davon die Zeiten überdauert.

Pausanias, der den Ort besucht hat, erwähnt auf der Akropolis einen Tempel, der der Athena geweiht war. Auch nennt er eigens die Namen der beiden Bildhauer Dipoinos und Skyllis, die das darin verehrte Kultbild der Göttin gefertigt haben sollen (2, 15, 1). Von all dem haben die bisherigen archäologischen Untersuchungen noch keinerlei Reste erbracht. Das einzige Bauwerk, das auf der Akropolis wenigstens den Fundamenten nach aus früheren Zeiten erhalten blieb, ist ein mittelalterlicher, 8 x 5 m großer und aus Spolien älterer Bauwerke errichteter Turm auf dem Gipfel des Hügels.

Weitaus ergiebiger waren die Ausgrabungen auf der Terrasse der unteren Akropolis. Dort gefundene Scherben aus dem 8. und 7. Jh. v. Chr. lassen auf eine Nutzung des Areals seit der geometrischen Epoche schließen. Im 6. und 5. Jh. v. Chr. kam es hier zu kleineren baulichen Maßnahmen. Es entstand ein Heiliger Bezirk, bei dem es sich jedoch nicht um den Tempel der Athena handeln kann. Vielleicht dienten die gepflasterten Areale der Aufführung kultischer Darbietungen. Um den Kern des Heiligtums wurde in klassischer Zeit eine zweistufige U-förmige Treppe erbaut. Im 6. Jh. n. Chr. errichtete man auf dem Pflaster des Heiligtums eine dreischiffige Kirchenbasilika, die im Westen einen Narthex aufwies und im Osten mit einem aus drei Konchen gebildeten Chor abschloss. In mittelbyzantinischer Zeit stand an dieser Stelle lediglich eine kleine Kapelle.

Ein besonders interessantes Gebäude haben die Archäologen 170 m nördlich des gepflasterten Heiligtums im Nordwesten der Akropolis gefunden. Der sog. Terrassenbau liegt an einer steil nach Osten abfallenden Stelle und hat ein 5,5 x 5,5 m großes quadratisches Fundament. Umliegende Bauglieder ermöglichen seine Rekonstruktion als Torbau. Dieses Propylon besaß eine viersäulige Front in ionischer Ordnung und dürfte aus hellenistischer Zeit stammen. Es führte in einen westlich gelegenen Bezirk. Im Süden liegen die steinernen Fundamente einer 10,5 m langen Mauer, an deren südlichem Ende ein aus Spolien errichtetes Gebäude hellenistischer Zeit stand. Die ganze Terrasse besaß zudem eine Stützmauer, da das Gelände hier zur Talseite gut 3,6 m abfällt. Der betriebene bauliche Aufwand sowie insbesondere das Torgebäude legen eine Interpretation als weiteres Heiligtum nahe.

Kleonai muss in der Antike aber auch eine Agora besessen haben, die die Ausgräber in der südlichen Unterstadt etwa 100 m nördlich der Stadtmauer lokalisieren (Abb. 29). Die dort ergrabenen Mauerreste stammen

Abb. 29 Basilika auf der Agora von Kleonai

von öffentlichen Gebäuden. Die Hauptbauphase lag in klassischer Zeit (5./4.Jh. v. Chr.). Auf dem Platz dürften zudem wie auch in anderen griechischen Städten nicht wenige Ehrenstatuen sowohl für verdiente Bürger als auch auswärtige Potentaten gestanden haben. In diesem Zusammenhang sind die Reste einer halbkreisförmigen Sitzbank, einer sog. Exedra, aus dem Ende des 2. und dem Beginn des 1. Jh. v. Chr. mit der Inschriftensignatur zweier Bildhauer namens Xenophilos und Straton zu nennen. Solche Monumente waren damals en vogue und wurden zahlreich auf öffentliche Platzanlagen und in Heiligtümer gestiftet. Sie dienten zum einen als Sitzgelegenheit für die Besucher und zum anderen als Basen für die Standbilder ihrer Stifter. Römische Keramik und Münzen belegen eine Nutzung der Agora bis in die späte Kaiserzeit hinein. Zu Bautätigkeiten scheint es damals ebenfalls gekommen zu sein, ohne dass man diese im Einzelnen genau beurteilen könnte. Im 5. Jh. allerdings rückte die Agora noch einmal in den Fokus öffentlicher Aktivitäten, als dort eine große Kirchenbasilika errichtet wurde, für die man antike Steinblöcke und Säulen wiederverwendete. Der nur teilweise freigelegte Bau schloss im Osten mit einer Apsis ab. Sein Mittelschiff wies eine sorgfältige Steinplattenpflasterung auf. Bemerkenswert ist schließlich der Fund christlicher Gräber unter dem Fußboden und im Umfeld der Kir-

Abb. 30 Herakles-Tempel von Kleonai

che. Gegen Ende des 7. Jhs. scheint die Agora dann von den damaligen Bewohnern endgültig aufgegeben worden zu sein.

Das auch überregional bedeutendste Heiligtum Kleonais war im Altertum zweifellos der Herakles-Tempel der Stadt (Abb. 30). Er lag gut 500 m südwestlich der antiken Befestigung außerhalb der eigentlichen Siedlung. Die heutigen Besucher finden die Ruinenstätte etwa 2 km südöstlich des modernen Ortes Archees Kleones in den dortigen Weinbergen etwas verborgen liegend. Die Stelle des Heiligtums soll die sein, an der Herakles einst die Siamesischen Zwillinge Eurytos und Kteatos getötet habe. Das Heiligtum scheint nie wirklich verschüttet gewesen zu sein. Der Bau besteht aus lokalem Kalkstein, der aus dem nahegelegenen Steinbruch von Kleonai stammt. Der Tempel hatte bei einer Länge von knapp 15 und einer Breite von knapp 9 m eine Firsthöhe von etwa 10,5 m. Vom Typ her ein sog. Prostylos besaß er an der Front vier dorische Säulen (Abb. 31). Vom Gebäude selbst blieben vor Ort nur der zweistufige Unterbau sowie die unterste Steinschicht erhalten. Zudem konnten 73 cm lange Metopen entdeckt werden. Zwischen den beiden inneren Säulen wurde eine niedrige Mauer gefunden, die keinen Durchgang an dieser Stelle erlaubte und wahrscheinlich die Basis für einen Opferaltar bildete. Die zweiflügelige Tempeltür, von der aus man in die

Cella mit dem Kultbild gelangte, befand sich im Nordosten. Von der marmornen Götterfigur kennen wir die untersten Blöcke der Basis sowie ein Körperfragment. Es ist der Rest der Brust eines wohl sitzend und leicht nach vorne gebeugt dargestellten Herakles. Vor der Statue stand ein Opfertisch, und an den Seitenwänden der Cellamauern sind Einlassungen für die Befestigung von Schranken zu erkennen. Vom Dach stammen Fragmente tönerner Dachränder (sog. Simen) und Löwenkopfwasserspeier. Datiert werden können die Reste in das 2. Jh. v. Chr. Einen Vorgängerbau scheint es nicht gegeben zu haben, zumindest konnte bislang keiner entdeckt werden. Unter römischer Herrschaft dürfte der Bau im 2. Jh. n. Chr. renoviert worden sein, worauf wiederum Reste der damaligen Dachkonstruktion hindeuten.

Der Tempel korrespondierte mit einem 9 m nordöstlich von ihm liegenden ummauerten Bezirk, der mit 10,5 m sogar etwas breiter war. Seine zweiflügelige Tür lag genau in der Mittelachse des Herakles-Tempels. Zum Areal gehörte ein von zwei ionischen Säulen getragener Vorbau, deren Basen gefunden wurden. Im Innern der Anlage sind zwei längliche Fundamente nachgewiesen, die man als Reste von Altären deutet. Vielleicht sind hier die beiden von Herakles durch Pfeilschuss getöteten Heroen Eurytos und Kteatos verehrt worden, und der in der Nähe liegende Hügel könnte ihr von Pausanias bezeugtes Grabmal sein (2, 15, 1).

Abb. 31 Rekonstruktion des Herakles-Tempels und des gegenüberliegenden Bezirks

Eine Stätte, die mindestens zweimal den Tod brachte. Herakles erledigte hier den berühmt-berüchtigten Löwen und der kleine Opheltes starb an einem Schlangenbiss. Beide Ereignisse galten als Ursprung der heiligen Festspiele, die wie Isthmien, Olympien und Pythien zu den vier großen Wettkämpfen aller Griechen gehörten und ein entsprechendes Prestige besaßen, das viele Athleten anlockte.

09 NEMEA – EINEM LÖWEN WIRD DAS FELL ÜBER DIE OHREN GEZOGEN

Die Ausgrabungsstätte ist von der Straße aus gut ausgeschildert. Von Korinth kommend fährt man in südwestlicher Richtung 25 km zu dem fruchtbaren Tal, in dem Nemea liegt. Als Grund für die Abhaltung der Nemeen kennt der griechische Mythos zwei Hauptversionen. Nach der einen tötete Herakles vor Ort ein gefährliches Untier, den sog. Nemeischen Löwen. Diese Sage bewahrt möglicherweise die Erinnerung an eine ferne Zeit, in der Raubkatzen die Viehherden bedrohten. Im Altgriechischen bedeutet ‚Nemea' nämlich Weideland. In der mythischen Tradition wurde daraus ein veritabler Löwe, den nur Herakles selbst, Griechenlands größter Held, erledigen konnte. Es ist die erste seiner zwölf kanonischen Taten. Der Löwe war ein Kind des Typhon und der Echidna, dem normale Waffen nichts anhaben konnten. Herakles musste daraufhin den Löwen mit den bloßen Händen nach einem zähen Kampf erwürgen. Das abgezogene Fell trug der Heros fortan als Mantel. Es wurde neben der Keule zum Markenzeichen des unbesiegbaren Helden. Herakles soll seinem Vater Zeus angeblich als Dank für den Sieg die Spiele gestiftet haben. Diese Version scheint allerdings erst in der römischen Kaiserzeit populär geworden zu sein, als das Heiligtum längst nicht mehr den Rang hatte wie noch in den Jahrhunderten davor. Die Mehrheit der Griechen glaubte dagegen lange Zeit, dass der Ursprung der Nemeen in den Leichenspielen für den kleinen Sohn Opheltes des nemeischen Königs Lykurgos läge. Der Säugling war von seiner Amme Hypsipyle trotz Warnung des Orakels von Delphi, ihn nicht mit dem Boden in Berührung kommen zu lassen, bevor er laufen könne, auf eine Selleriepflanze abgelegt worden, als diese den sieben Helden, die auf dem Weg nach Theben waren, eine Quelle zeigte. Dies nutze eine Schlange, um Opheltes zu töten. Der Seher Amphiaros gab dem toten Kind daraufhin den Namen ‚Archemoros', was mit ‚Anfang des Todesgeschicks' zu übersetzen ist und offenbar prophetisch gemeint war, da die sog. Sieben gegen Theben ihrem eigenen Tod entgegengingen. Vor-

Literatur:

A. Gutsfeld – St. Lehmann, Vom Wettkampfort zum Kloster. Das Zeusheiligtum von Nemea (Peloponnes) in der Spätantike. In: Antike Welt, Heft 36, 2005, S. 33–41

her aber hielten sie am Ort des Geschehens für Opheltes Leichenspiele ab und krönten den Sieger mit einem Kranz aus Sellerieblättern, der auch bei den historischen Nemeen weiterhin als Siegespreis verliehen wurde.

Bereits 1766 fanden im Auftrag der Londoner Society of Dilettanti in der Hoffnung, dort Reste des zum Tempel gehörenden Skulpturenschmucks zu finden, erste Ausgrabungen statt, die jedoch wegen des hohen Grundwassers rasch weitgehend ergebnislos abgebrochen werden mussten. Nachdem das Tal 1883 von französischen Wasserbauingenieuren weitgehend trockengelegt werden konnte, begannen die Ausgrabungsarbeiten von Neuem, fanden aber nur sehr sporadisch statt. Erst ab 1924, als amerikanische Archäologen von ihren französischen Vorgängern die Grabungslizenz übernahmen, wurden regelmäßig Forschungskampagnen durchgeführt, die schließlich zur vollständigen Freilegung des berühmten Heiligtums sowie zur Errichtung eines lokalen Museums führten.

Das Heiligtum (Abb. 32) liegt heute umgeben von Zypressenhainen und Obstplantagen in einer Talsenke (Pausanias 2, 15, 2 –3). Groß und gut

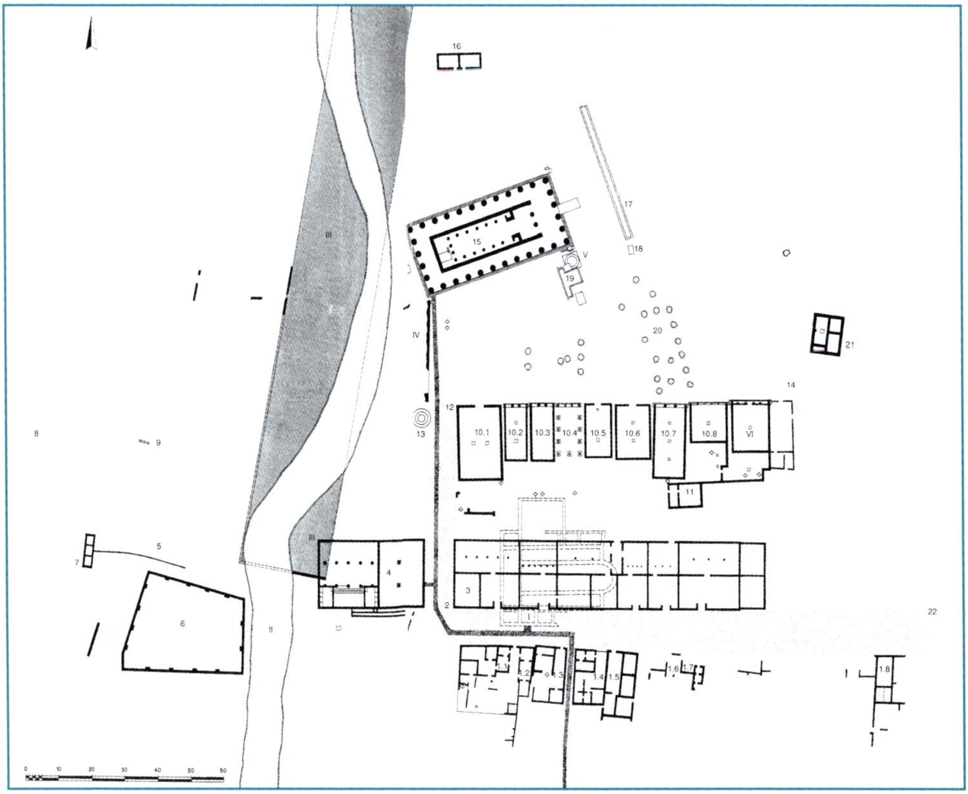

Abb. 32 Plan von Nemea

erhalten ist der Zeus-Tempel, der in der Spätklassik (ab Mitte 4. Jh. v. Chr. bis ca. 330 v. Chr.) einen zerstörten Vorgängerbau ersetzt hatte (Abb. 33). Letzterer stammte aus dem 6. Jh. v. Chr. und war im 5. Jh. v. Chr. zerstört worden. Vom spätklassischen Neubau stehen seit der Antike drei der ehemals 6 x 12 dorische Säulen aufrecht. Bis heute sind weitere hinzugekommen. Zusätzliche Säulentrommeln und Bauglieder liegen verstreut im Gelände. Der Tempel besaß kein Opisthodom. Typisch für die Zeit sind seine gedrungene Form, die schlanken Außensäulen und die kaum ausladenden Kapitelle. Das Adyton liegt vertieft und besitzt eine hinabführende Treppe (Orakel?). Die Zapflöcher im Fußboden ermöglichen die Rekonstruktion der inneren Säulenstellung. Sie war zweigeschossig: unten korinthisch und oben als Pilaster mit vorgesetzten ionischen Halbsäulen. Dies ist mit den Innenraumgestaltungen der Tempel von Bassai, Lousoi oder Tegea vergleichbar. Gut erhalten sind der Stufenunterbau sowie der Sockel der Cella und ebenso der 40 m lange Altar im Osten. Dort opferten die Athleten vor Betreten des Stadions dem Zeus. Der Tempel wird unter Verwendung der vorhandenen Trümmer rekonstruiert.

Abb. 33 Zeus-Tempel von Nemea

Südlich des Tempels befand sich ein künstlich angelegter Zypressenhain. In der Antike standen dort tönerne Pflanzenkübel. Ein kleineres Gebäude östlich des Zypressenhains scheint für Festbankette im Rahmen des Zeuskultes genutzt worden zu sein. Zwischen Tempel und Museum sieht man ferner drei Reihen von Bauten, deren Grundmauern erhalten sind. Die schlecht fundamentierten Gebäude mit Lehmziegelwänden im oberen Bereich können in die erste Hälfte des 5. Jhs. v. Chr. datiert werden und waren eventuell Schatzhäuser. Sie besaßen an den Fronten jeweils eine Säulenstellung und im Inneren Stützen sowie Herdstellen. Letztere deuten doch eher auf eine Funktion als Aufenthaltsräume für Delegationen auswärtiger Poleis hin. Ein zweiter Komplex war dagegen aufwändiger fundamentiert. Sie gelten als mögliche Gästehäuser für Athleten und Preisrichter. In der Spätantike wurde dort eine christliche Basilika eingebaut. Davor ist in einer Vitrine ein Frauengrab des 6. Jhs. n. Chr. zu sehen. Weiter südlich liegt eine Reihe von Wohnhäusern, die wahrscheinlich für die Priester des Heiligtums bestimmt waren. Unter einem modernen Dach gibt es ferner eine um 300 v. Chr. errichtete Badeanlage mit gut erhaltenen Becken. Jenseits des Nemeabaches wurde in einem Bezirk, der von einer eigenen Temenosmauer umschlossen war, Opheltes verehrt.
Südöstlich am Hang oberhalb des Heiligtums befindet sich das Stadion. Der heute sichtbare Zustand ist im Wesentlichen der des 4. Jhs. v. Chr. (330/320 v. Chr.). Es wurde folglich zeitgleich mit dem spätklassischen Tempelbau neu gestaltet. Ein Peristylhof mit dorischen Säulen bildete den Eingang (dort wohl der Platz zum Auskleiden und Einölen für die Athleten), von dem aus ein 36 m langer Tunnel in Keilsteintechnik (Wände des Tunnels mit Graffiti der Sportler) durch die Böschung der Zuschauertribüne direkt auf den Wettkampfplatz führte. Die Stadionfläche wird durch einen kleinen Wasserkanal und Wasserbecken ringsum begrenzt. Sie war 180 x 26 m groß. Die Begrenzung und die erste Sitzreihe sind sehr gut erhalten wie ebenso die steinerne Startlinie. Dort lassen sich Spuren erkennen, die eine Rekonstruktion des Startvorgangs ermöglichen. Hinter einer Konstruktion aus Sperrseilen, die mittels eines Mechanismus vom Startrichter blitzschnell zu Boden gelassen werden konnten, sodass den Athleten ein stolperfreier Start möglich war, standen insgesamt bis zu 13 Läufer nebeneinander. Ausgerichtet ist das Stadion für etwa 40.000 Zuschauer gewesen. Seit dem frühen 6. Jh. v. Chr. fanden an dieser Stelle die Nemeen genannten panhellenischen Agone statt. Sie umfassten athletische Disziplinen wie Bogenschießen, Boxen, Diskus- und Speerwurf, Ringen, Waffenlauf und normalen Wettlauf sowie seit dem Hellenismus auch musische Agone.
Zum Ausgrabungsareal gehört ein sehr gutes Museum. In seinem Eingangsbereich steht ein Kapitell der Tempelinnensäulenstellung. Die Sammlung beherbergt im Wesentlichen zahlreiche in Nemea gefundene

Abb. 34 Ausgrabungsareal von Philious

und zum Teil hier geprägte Münzen, Keramik von der geometrischen Epoche bis zur römischen Kaiserzeit, einen Steintisch mit wannenartiger Vertiefung für Tieropfer, ein aus dem 6. Jh. v. Chr. stammendes breit ausladendes dorisches Kapitell mit Inschrift als Basis eines Weihgeschenks, eine bronzene Hydria mit Frauenkopf als Henkelverzierung und insbesondere drei Modelle, anhand derer sich die bauliche Entwicklung des Heiligtums nachvollziehen lässt (Zustand im 4. Jh. v. Chr.; Zustand des 6. Jhs. n. Chr. mit zerstörtem Tempel; Stadion). Im Innenhof befinden sich Architekturteile der sog. Delegationshäuser von Nemea.
Knapp 2 km nordwestlich des modernen Ortes Nemea steht auf einem Siedlungsrücken eine kleine Kapelle. Dort lag die antike Siedlung Philious (Abb. 34). Ein teilweise erhaltenes Terrassenfundament aus Quadern trug einst eine dorische Säulenhalle. Dahinter ist ein kleines Theater zu erkennen, von dem aus in einem zehnminütigen Fußweg durch Gestrüpp die darin versteckt liegenden Resten der Stadtmauer von Philious ausfindig gemacht werden können. Von den zahlreichen bei Pausanias (2, 13, 3–8) erwähnten Sehenswürdigkeiten, Heiligtümer vieler Götter, ihre Kultbilder, eine vergoldete bronzene Ziege, Marmorstatuen, blieb nichts erhalten. Auf der weiteren Fahrt von Philious nach Sikyon werden östlich der Landstraße beim modernen Ort Titane die schlecht erhaltenen Akropolismauern der gleichnamigen antiken Stadt erreicht, die ebenfalls von Pausanias beschrieben wird und seiner Auskunft nach nicht wenig Sehenswertes (Tempel, Kultbilder, Säulenhallen) besaß (2, 11, 4–12, 2). So sah er bspw. im dortigen Asklepieion ein Standbild des Asklepios (2, 11, 6), von dem er nicht sagen könne, ob es aus Holz oder Metall gemacht sei, da man wegen eines übergeworfenen Mantels nur sein Gesicht und die Hände sowie Füße erkennen könne. Nicht anders verhielte es sich mit der Statue der Hygieia. Hier verhinderten Unmengen geweihter Frauenhaare und ‚Bänder babylonischen Gewebes', die das Götterbild umgaben, eine genaue Beurteilung.

Einst gehörte der sikyonische Tyrannenhof zu den ganz feinen Adressen in der archaischen Adelswelt und die Stadt selbst galt auch später noch als Hochburg der Malkunst und Toreutik. Bei einem Fest, das einer der Herrscher Sikyons veranstaltete, um den künftigen Bräutigam seiner begehrten Tochter auszusuchen, tanzte der bis dahin als Favorit geltende Bewerber allerdings derart aus der Reihe, dass er danach alle Chancen verspielt hatte, was im antiken Griechenland schnell zu einem Sprichwort wurde.

10 SIKYON – STADT EINER VERTANZTEN HOCHZEIT

Sikyon war in archaischer Zeit nach Korinth unbestritten die bedeutendste Stadt an der Nordküste der Peloponnes. Noch zu Zeiten des Pausanias hallte dieser Ruf derart nach, dass der Reiseschriftsteller ausführlich die Geschichte Sikyons erzählt und die dortigen Denkmäler würdigt (2, 5, 6–2, 11, 3). Der Name der Polis wurde in der lokalen Legende auf einen König (Pausanias 2, 5, 6) oder in anderer Überlieferung auf die Pflanze Sikya (Kürbis, Melone) zurückgeführt. Es gab hier wohl einen ertragreichen Gemüseanbau, was weiter nicht wundert, da das Gebiet der Stadt fruchtbares Schwemmland des Flusses Asopos ist. Sikyon führte in seiner Geschichte aber auch viele andere Namen: Aigialeia (nach dem Gründerkönig Aigialeus = Pausanias 2,5,6; 2,6,5); Mekone (= Mohn), da Demeter hier den Mohn entdeckt haben soll (Hesiod, Theogonie 536); Telchinia nach den Schmiededämonen, den Telchinen; Demetrias nach Demetrios Poliorketes, der das alte Sikyon an der Küste 303 v. Chr. zerstört und anschließend ins Landesinnere verlegt hatte.

Sikyon beherrschte in der Antike ein Areal von etwa 360 km². Ein Fluss im Osten bildete die Grenze zur eigentlichen Korinthia und ein weiterer im Westen zu Pellene. Im Süden und Südwesten lag das Ende des Siedlungsgeländes im Gebirge und im Norden direkt an der Meeresküste. Das Hauptsiedlungsgebiet der Sikyonier war die fruchtbare Küstenebene von mehr als 3,5 km Länge, die bis zum Golf von Korinth reichte. In archaischer und klassischer Zeit gab es hier noch zahlreiche Dörfer. Die Akropolis der Stadt lag möglicherweise auf einem 2,5 km langen Plateau, auf dem später eventuell die Neugründung durch Demetrios erfolgte. Sikyons Hafen ist von der eigentlichen Polis getrennt gewesen. Xenophon (Hellenika 7, 3, 2; 7, 4, 1) berichtet von einem künstlich angelegten und befestigten Hafen an der Mündung des Asopos. Für die landwirtschaftlich sehr ertragreiche Küstenebene erwähnt schon Homer (Ilias 23, 293–299) Pferdezucht. Zudem waren die Holzproduktion in den südlichen Bergen und die Fischerei wichtige Gewerbezweige. Als besondere

Delikatesse galt ein Aal aus dem Meer. Überregional bekannt ist Sikyon allerdings v. a. für sein Kunsthandwerk gewesen. Insbesondere die sikyonische Erzgießerei war weithin berühmt.. Von Kanachos bis Lysippos reicht die lange Liste der gefeierten sikyonischen Meister. Einen Eindruck von dieser Wertschätzung vermittelt eine von Plinius dem Älteren überlieferte Anekdote (Naturalis historia 35, 43). Die Tochter des sikyonischen Töpfers Butades habe an einer Wand den Schattenriss ihres Geliebten nachgezeichnet. Diesen Umriss soll ihr Vater daraufhin mit Ton gefüllt und auf diese Weise die Tonbildnerei erfunden haben. Das Relief sei bis zur Zerstörung Korinths im dortigen Nymphaeum zu sehen gewesen. Nicht minder gelobt wurde die sikyonische Malerschule (Timanthes, Eupompos gründete eine Malerakademie, Pamphilos und Pausias). Luxusartikel waren ferner Frauenschuhe. Der städtische Reichtum spiegelte sich auch im Bau und Unterhalt eigener Schatzhäuser in Delphi sowie Olympia. Zur Zeit des Übergangs von der archaischen zur klassischen Zeit dürfte die Bevölkerung Sikyons wohl 15.000 bis 20.000 Personen umfasst haben.

Die frühe Geschichte Sikyons ist rein mythenhaft überliefert. Die Ilias kennt einen König namens Adrastos. Die eigentliche Blütezeit Sikyons waren zweifellos das 7. und 6. Jh. v. Chr., als hier das Tyrannengeschlecht der Othagoriden herrschte. Die Tyrannis stützte sich in Sikyon wie auch sonst in Griechenland auf die gewerbe- und handeltreibenden Schichten inklusive des Bauernstandes. Aber auch während des gesamten 5. Jhs. v. Chr. blieb Sikyon in Griechenland an allen großen politischen und militärischen Geschehnissen beteiligt. In der Folgezeit wechselten die Herrschaftssysteme jedoch immer wieder. Ab 367 v. Chr. regierten in Sikyon sogar kurzzeitig die Demokraten, dann wieder und v. a. in hellenistischer Zeit Tyrannen. Einer von ihnen, Aratos von Sikyon war von 245 bis 241 v. Chr. Stratege des Achäischen Bundes. Die Zerstörung Korinths 146 v. Chr. brachte Sikyon kurzfristig Landzuwachs und den Vorsitz bei den Isthmischen Spielen. In byzantinischer Zeit war Sikyon Bischofssitz. Während der Slaweneinfälle hieß Sikyon Hellas, was dafür spricht, dass hier v. a. griechische Flüchtlinge lebten.

Aus der Glanzzeit der älteren Tyrannis genügt eine Anekdote, um klar zu machen, wie überregional, geradezu international vernetzt die aristokratischen Eliten in der archaischen Epoche gewesen sind, und welchen Ruf Sikyon damals genoß. Der bekannteste der sikyonischen Tyrannen namens Kleisthenes pflegte weitreichende Verbindungen und trat in Olympia als siegreicher Wagenlenker auf (Herodot 6, 126, 2). Dort ließ er auch verkünden, er wolle seine Tochter Agariste verheiraten und lud potentielle Freier an seinen Hof ein, um selbst den Glücklichen auszuwählen. Herodot, dem Vater der Geschichtsschreibung, ist diese Episode eine längere Erzählung wert (6, 126–130). Ausführlich nennt er die Kandida-

Abb. 35 Ruinen von Sikyon

ten und beschreibt die ‚Auswahltests', der sich diese zu unterziehen hatten. Kurz vor der Verkündung des Gewinners, leistete sich jedoch der bis dahin favorisierte Hippokleides aus Athen einen folgenschweren Fauxpas. Er fing nämlich an, derart ausgelassen zu tanzen, dass er am Ende sogar auf dem Kopf stand und die in die Luft gereckten Beine im Takt bewegte. Das empfand der Tyrann als derart schamlos, dass er sich nicht beherrschen konnte und ausrief: „Sohn des Teisandros, du hast deine Hochzeit vertanzt"; worauf der öffentlich Gescholtene nur schnippisch entgegnet haben soll: „Das kümmert Hippokleides wenig" (6, 129, 4). Mit dem Hinweis, so sei ein bekanntes Sprichwort entstanden, schließt Herodot seinen Bericht. Der glückliche Sieger war dann ebenfalls ein Athener namens Megakles, Sohn des Alkmeon. Sein Sohn wiederum erhielt nach dem sikyonischen Großvater seinen Namen, und dieser Kleisthenes, selbst Enkel eines Tyrannen, war es dann, der in Athen die dortige Tyrannis stürzte und die Demokratie begründete (6, 131, 1). Wenn das der liebe Opa geahnt hätte! Vielleicht wäre dann doch Hippokleides wie ursprünglich geplant zum Zuge gekommen.

Ausgrabungsgelände und Museum liegen oberhalb des modernen Ortes Vassiliko, der vom Küstenort Kiato ausgeschildert ist. Bekannt sind nur die Ruinen der frühhellenistischen Neugründung der Stadt durch Demetrios Poliorketes und einige wenige Reste der archaischen Akropolis. Das alte Sikyon kennen wir dagegen nicht. Im Museum sind v. a. Vasen und Terrakotten, ferner römische Skulpturen sowie hellenistische und römische Mosaiken zu sehen. Es ist eingebaut in eine römische Thermenanlage aus dem 3. Jh. n. Chr. Das Theater stammt bereits aus dem 3. Jh. v. Chr. (Abb. 35). Erhalten blieben seine teilweise in den Felsen gehauenen Sitzbänke und die Ehrensessel der ersten Reihe (Prohedrie). Ebenfalls in den Felsen geschlagen wurden die Bogengänge, die zu den Zuschauerrängen führten. Von der Skene aus der Zeit um 150 v. Chr. ist nur noch der Unterbau sichtbar. Er weist Türen und dorische Halbsäulen auf. Vor dem Theater sahen Reisende des 19. Jhs. noch einen Tempel des Theatergottes Dionysos, der heute jedoch völlig verschwunden ist. Rechts hinter dem Theater stößt man auf die Reste eines Stadions, dessen Lauffläche und Zuschauerränge sich im Gelände abzeichnen. Besser erhalten ist zum Tal hin eine mächtige Stützmauer. Vom Stadion aus gelangt man auf dem Fußweg zurück zum eigentlichen Zentrum der hellenistischen Stadt, von der auch größere Teile des Befestigungsrings erhalten sind, und zum Museum. Im Areal südlich der Straße (Achtung Schlangengefahr!) liegen die Reste eines dorischen Ringhallentempels mit einem langgestreckten Fundament und einigen im Gelände verstreuten Säulentrommeln. Im 6. Jh. v. Chr. stand hier auf der Akropolis des alten Sikyon ein Vorgängerbau, der bei der Neuanlage der Stadt im 3. oder spätestens 2. Jh. v. Chr. erneuert wurde. Später erfolgte der Einbau einer frühchristlichen Basilika. Wenige Schritte hangaufwärts gibt es ein weiträumiges Gymnasion des frühen 3. Jhs. v. Chr. mit zwei Höfen auf unterschiedlichen Niveaus. Kleinias, der Vater des Aratos, hatte es einst gestiftet. Der untere Bereich war auf drei Seiten mit ionischen Säulenhallen umgeben. An der hangseitigen Rückwand standen Wasserbecken mit einer Rahmung durch eine dorische Miniaturarchitektur. Eine Treppe führt zur oberen Terrasse, die dorische Säulenhallen besaß. Weiter östlich liegen meist vom hohen Gras versteckt ein nahezu quadratisches Bouleuterion aus dem 4. Jh. v. Chr. und eine über 100 m lange Stoa. Bevor oder nach einem Besuch Sikyons können zusätzlich 15 km westlich davon bei einem weithin sichtbaren Leuchtturm auf einem Plateau in 700 m Höhe die kärglichen Reste der befestigten antiken Siedlung Pellene (Anfahrt vom moderne Pellini) besichtigt werden.

ARGOLIS – ZENTRUM EINER FRÜHEN HOCHKULTUR

Die häufig als Daumen der Peloponnes bezeichnete Argolis hat ihren Namen vom rossenährenden Argos, wie Homer die Stadt gerne nannte (Odyssee 4, 99. 563). Die Landschaft an dem ebenfalls nach ihr benannten Golf ist mit einer geschützten Küstenlinie und der fruchtbaren Schwemmebene des Inachos schon in prähistorischer Zeit ein wichtiges Siedlungsgebiet gewesen. Erste Menschen wohnten vor 30.000 Jahren bei Kilada in der Franchthi-Höhle. Zudem gibt es ausreichend neolithische Siedlungsspuren, und in Lerna existierte in der Frühen Bronzezeit möglicherweise bereits eine hierarchische Gemeinschaft. In der Späten Bronzezeit war die Argolis jedenfalls ein Zentrum der ersten Hochkultur auf griechischem Boden, die nach dem hier liegenden bedeutenden Fundort Mykene die mykenische genannt wird. Aber auch in späterer Zeit wurde die Argolis immer wieder zum Schauplatz wichtiger Ereignisse. Sie stellte in der Zeit des sog. Griechischen Freiheitskrieges für wenige Jahre mit Nafplion sogar die Hauptstadt des von der osmanischen Herrschaft befreiten Griechenlands.

Herakles besiegte hier im benachbarten Lernaischen Sumpf die vielköpfige Hydra. In archäologischer Hinsicht viel wichtiger ist freilich die bronzezeitliche Siedlung von Lerna. In ihr wurde im 22. Jh. v. Chr. ein Haus zerstört, das offenbar so wichtig war, dass dessen Ruinen eigens unter einem Hügel begraben und dieser mit einem gesonderten Steinkreis umgeben wurde.

11 LERNA – DAS HAUS DER ZIEGEL

ARGOLIS

Die seit dem 6. Jt. bis ca. 2000 v. Chr. bewohnte neolithische und frühbronzezeitliche Siedlung Lerna liegt etwa 10,5 km von Argos am argolischen Golf südlich des modernen Ortes Myli inmitten von Orangen- und Zitronenplantagen. Die amerikanischen Ausgrabungen begannen in den 1950er Jahren. Die prähistorischen Menschen kamen hierher wahrscheinlich wegen der üppigen Fischbestände des nahegelegenen Sees und der reichlich Holz bereitstellenden Wäldern der umliegenden Berge. Das sumpfige Tummelfeld der Hydra lag nördlich des Ortes. Zu den ältesten Siedlungsspuren aus dem 6. und 5. Jt. v. Chr. zählen ein kleines Rechteckhaus und das relativ berühmte Tonidol einer nackten Frau, das heute im Museum von Argos aufbewahrt wird. Noch vor der Mitte des 3. Jt. v. Chr. erhielt das gesamte Areal einen ersten Befestigungsring, eine doppelte Ringmauer mit Wohnräumen zwischen den beiden Mauerschalen. Der bedeutendste Befund ist zweifellos ein um 2200 v. Chr. errichtetes 25 x 10 m großes Gebäude, das die Ausgräber wegen seiner besonderen Ziegel aus Terrakotta und grünem Schiefer ‚House of the Tiles' (Haus der Ziegel) tauften. Reste von Treppen deuten auf ein zweites Geschoss (Abb. 36). Der Sockel der bis zu 90 cm dicken Wände bestand aus Steinen, auf die luftgetrocknete Lehmziegeln geschichtet wurden. An den seitlichen Außenwänden gab es Sitzbänke aus Lehm. Sowohl der Boden als auch die Innenwände sind sorgfältig verputzt gewesen. Im Osten befand sich eine Art Eingangshalle, auf die ein repräsentativer saalartiger Raum und flankierende Korridore folgten. Dies erinnert zumindest von Ferne an vergleichbare Strukturen in den späteren mykenischen Palästen. In den Boden waren große Vorratsgefäße aus Ton eingelassen. Von einem Vorgängerbau könnte ein sog. Zeremonialherd stammen, der eine Öffnung in Form einer Doppelaxt (Machtsymbol?) besaß, heute im Museum von Argos. Hinzu kommen zahlreiche Siegelabdrücke. All das deutet darauf hin, dass das Haus eine besondere Funktion besaß. Vielleicht wohnte hier bereits ein lokaler Herrscher, oder es war ein gemeinschaftlch genutztes Gebäude für Kult,

Links: Berg Xerovouni im nördlichen Hinterland der Argolis

Abb. 36 Reste des Hauses der Ziegel mit der Treppe zum Obergeschoss

Versammlung und/oder Verwaltung von Vorräten. Das Gebäude ist den Einwohnern von Lerna jedenfalls so wichtig gewesen, dass sie es nach einer im Lauf des 22. Jhs. v. Chr. erfolgten Zerstörung infolge einer Brandkatastrophe nicht wiederherstellten, sondern unter einem Hügel von 19 m Durchmesser regelrecht bestatteten. Zusätzlich markierten sie die Stelle durch einen Steinkreis, der auf beiden Seiten des Hauses noch gut sichtbar ist. Etwa gleichzeitig und aus dem frühen 2. Jt. v. Chr. stammen weitere Apsidenhäuser, die baulich nicht miteinander verbunden sind. Um die größeren gruppierten sich kleinere ‚Satellitenbauten' herum, was eventuell auf eine bereits hierarchisierte Gesellschaft deuten könnte. Importe aus Aigina, Kreta und von den Kykladen bezeugen einen höheren Lebensstandard und v. a. Handelsverbindungen. In frühmykenischer Zeit wurde in den Hügel, unter dem das Haus der Ziegel begraben lag, zwei im Boden des Hauses noch sichtbare Schachtgräber eingetieft. Sie gehörten zu der mykenischen Siedlung von Lerna, die sich damals am alten Siedlungsplatz gebildet hatte. Von ihr gibt es sonst aber nur wenige Spuren. Lerna blieb bis in römische Zeit bewohnt.

Die von Tantalos und Atreus abstammenden Atriden regierten hier, und in den mächtigen Burgmauern erfüllte sich der Fluch, der auf dem Herrscherhaus lag. Mykene war aber auch der Schauplatz einer archäologischen Sternstunde, als Heinrich Schliemann 1876 das berühmte Schachtgräberrund A mit seinen reichen Schätzen fand und damit eine bis dahin unbekannte Epoche der griechischen Geschichte neu entdeckte.

12 MYKENE – GOLDREICH UND EIN GEFÄHRLICHES PFLASTER

In der Ilias ist Agamemnon als König der Mykener zugleich der Anführer aller Achaier vor Troia. Deutet das auf eine Sonderstellung der Burg in der nach dem Ort mykenisch genannten Epoche? Die Bedeutung Mykenes ergibt sich auch aus der reichen Sagentradition, die mit diesem Ort verknüpft ist. Das Schicksal der Atriden, wie die mykenische Herrscherdynastie hieß, bietet ausreichend Stoff für jedwede Sex-and-Crime-Formate. Heinrich Schliemann glaubte fest daran, dass in der Sagenüberlieferung ein historischer Kern steckt, weshalb er sich entschloss, zuerst Troia selbst und dann Mykene auszugraben; Schliemann nahm dabei den Text des Pausanias (2, 16, 6) wörtlich und folgerte daraus, dass die Königsgräber innerhalb der Burgmauer zu suchen sind, wo er tatsächlich kurz nach Grabungsbeginn die sensationellen Schachtgräber mit ihren goldreichen Beigaben entdeckte.

Mykene liegt am Nordrand der Argolis. Die Entfernung zur Küste beträgt gut 14 km. Von der Spitze des Burgberges hat man einen weiten Blick auf das umliegende Land, das durchaus in landwirtschaftlicher Hinsicht sehr ertragreich gewesen sein muss. Der kegelförmige Burgberg ist nur 280 m hoch, die Bergkette dahinter deutlich höher. Das auf drei Seiten steil abfallende Gelände bot ideale fortifikatorische Bedingungen. Es fällt nur im Westen sanft ab, wo auch das berühmte Löwentor liegt. Im Süden der Burg sichert ein aus dem Gebirge kommender Wildbach die Wasserversorgung. Wegen der Nähe zur nächsten Palastanlage von Tiryns und dessen einstiger Lage direkt am Meer, wird immer wieder diskutiert, dass dies damals der Hafen Mykenes gewesen sei.

Die Anfänge Mykenes sind unklar. Es gibt nur unbedeutende Keramikstreufunde aus dem 3. und frühen 2. Jt. v. Chr., die eventuell als Spuren einer Besiedlung in dieser Zeit gedeutet werden können. Bauten sind allerdings nicht bekannt. Um die Mitte des 17. Jhs. muss es aber an der Stelle des späteren Mykenes bereits eine boomende Gemeinschaft gegeben haben, die schon eine ausgeprägte Elite kannte. Dies bezeugt das sog.

Gräberrund B, das die griechischen Archäologen Ioannis Papadimitriou und George E. Mylonas seit 1951 ausgruben (Abb. 37 D). Die Gräber stammen aus dem Zeitraum 1650 bis 1550 v. Chr. Das Gräberrund B liegt etwa 120 m westlich der Mauern der Oberstadt von Mykene. Vermutlich verlief die Hauptstraße zum Löwentor nördlich daran vorbei. Das gesamte Areal weist einen Durchmesser von 28 m auf und war von einer 1,55 m dicken sowie 1,20 m hohen kreisförmigen Mauer aus Feldsteinen umgeben. Innerhalb des Friedhofs fand man insgesamt 26 Gräber, die in der Reihenfolge ihrer Entdeckung von den beiden Ausgräbern mit griechischen Buchstaben bezeichnet wurden. Nachgewiesen sind 14 Schachtgräber und zwölf einfache Erdbestattungen, in denen zusammen 38 Skelette lagen. Viele Gräber wiesen eine Markierung durch Steinhaufen auf. Nur vier Schachtgräber besaßen dagegen bis zu 2 m hohe Grabstelen, von denen zwei Jagddarstellungen aufweisen. Die reichen Beigaben belegen überregionale Kulturkontakte (einzelne Objekte bspw. aus Kreta). Einzigartig ist die aus Elektron gefertigte Totenmaske aus dem Grab Gamma. Zudem zeigt das Grab Rho eine Architektur, die sonst nur aus dem östlichen Ägäisraum (Zypern, Ugarit) bekannt ist. Über mögliche Gründe für die ‚plötzliche' Etablierung und den Aufstieg einer Elite in Mykene wird in der Forschung intensiv diskutiert (s. Einleitung).

Abb. 37 Plan von Mykene und Umgebung

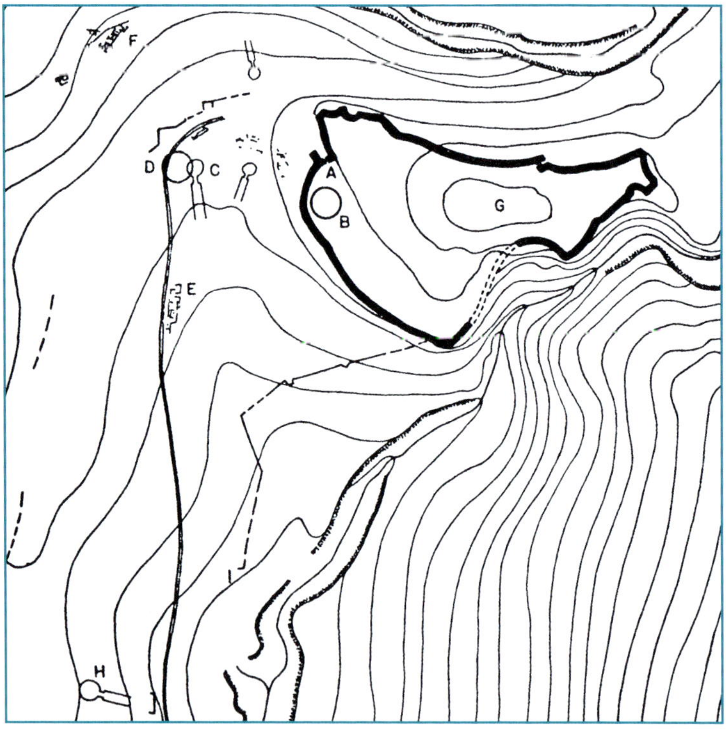

Einen noch größeren Wohlstand zeigt das schon von Schliemann entdeckte zeitlich jüngere Schachtgräberrund A (vgl. Abb. 37 D. Abb. 40 D). Es wurde in der Nachfolge des Grabkreises B seit dem 16. und bis ins 15. Jh. v. Chr. belegt. Heute liegt es innerhalb der Burgmauern nur 20 m vom Löwentor entfernt (Abb. 38). Zur Zeit seiner Nutzung gab es hier aber noch keine derart befestigte Burganlage. Bis heute wissen wir nicht, wo und in welchem konkreten architektonischen Rahmen die Toten der beiden Grabkreise A sowie B zu ihren Lebzeiten in Mykene gelebt haben. Bestattet wurden hier 19 Tote (neun Männer, acht Frauen und zwei Kinder) in insgesamt sechs Schachtgräbern, über die zum Teil figürlich dekorierte Stelen standen. Alle Bestattungen enthielten ausnahmslos prunkvolle Grabbeigaben, darunter sehr viel Gold und zahlreiche minoische Importwaren. Die Leichen trugen heute allerdings verlorene Textilien, reich verziert mit erhaltenen aufgenähten Goldplättchen, und einige von ihnen sogar Goldmasken auf den Gesichtern, darunter die von Schliemann so getaufte Maske des Agamemnon (vgl. Abb. 96). Die Toten lagen direkt auf dem von einer Schicht Kieselsteinen bedeckten Boden der in die Erde eingetieften Schachtgräber. Die Leichname wurden anschließend mit einer weiteren Kieselschicht zugedeckt, die Beigaben in den Schacht gestellt, und erst dann wurde dieser wieder mit Erde verfüllt. Ein

Abb. 38 Schachtgräberrund A

solcher Aufwand ist sicherlich nur für eine Herrscherfamilie getrieben worden. Dazu passt auch, dass die Bestattungen Jahrhunderte später immer noch bekannt waren und zudem wahrscheinlich aus dynastisch-legitimatorischen Gründen in die erst im 14./13. Jh. v. Chr. errichtete Burganlage miteinbezogen worden sind. Dabei erhielt die Anlage eine Ringumfriedung aus doppelt gestellten schweren Steinplatten. Der Raum zwischen beiden Plattenringen war vermutlich mit Erde aufgefüllt, und die jeweils gegenüberliegenden Platten sind mit Querhölzern verbunden worden, um genügend Festigkeit zu schaffen, damit oben auf den konzentrisch angeordneten Steinrinnen Abdeckplatten gelegt werden konnten. Der äußere Ring hat einen Durchmesser von 28 m und der innere einen von 25 m. Im Norden befindet sich ein 2,5 m breiter Zugang, deren Türschwelle aus drei großen Steinplatten besteht. Das Gräberrund ist damals auch im inneren Bereich gepflastert gewesen. Hiervon blieben im Osten einige Platten erhalten. Von den bereits erwähnten Grabstelen haben sechs die Zeiten nahezu vollständig überdauert, und es gibt 26 weitere Bruchstücke, von denen zehn figürliche Darstellungen aufweisen. Die komplett erhaltenen Exemplare zeigen geometrische Muster und Streitwagen- sowie Jagdszenen. Es bleibt in der Forschung umstritten, ob die Stelen schon aus dem 16. Jh. v. Chr., d. h. aus der Hauptnutzungsphase zwischen 1580 und 1510 v. Chr., stammen, was wahrscheinlich ist, oder doch erst aufgerichtet wurden, als das Schachtgräberrund in die neu errichtete Burganlage integriert worden ist. Die Mühe, die man sich damals mit der Präsentation dieser sehr viel älteren Gräber gemacht hat, spricht dafür, dass hier zugleich ein Toten- bzw. Heroenkult etabliert wurde (wahrscheinlich, früher umstritten). In hellenistischer Zeit errichteten die Einwohner des späteren Mykene über den Schachtgräbern Wohnhäuser, ohne hierfür Gott sei Dank tiefgehende Fundamente anzulegen, die sonst die mykenischen Bestattungen gestört hätten. Pausanias (2, 16, 6–7) erwähnt in diesem Bereich Gräber für Atreus, Kassandra, Agamemnon, dessen Wagenlenker Eurymedon, Elektra sowie ein gemeinsames für die von Kassandra geborenen Zwillinge Teledamos und Pelops. Die untreue Gattin Klytaimnestra und Aigisthos lägen allerdings etwas entfernt von der Mauer begraben, da man ihnen eine Bestattung verwehrt habe, wo der ermordete Agamemnon selbst und die mit ihm Getöteten liegen (2, 16, 7). Es ist diese Textstelle, die Heinrich Schliemann wörtlich nahm und ihn fest glauben ließ, dass seine schließlich vom 7. August bis 28. November 1876 an dieser Stelle erfolgte Grabung ein voller Erfolg werden würde; und er behielt wie in Troia recht!

Einen Palast aus der Zeit der beiden Grabanlagen kennen wir, wie bereits gesagt, nicht. Der älteste Bauabschnitt wird in die Zeit um 1450 v. Chr. datiert, die Mauer sogar erst ca. Mitte des 14. Jhs. v. Chr. errichtet. Eine Erweiterung der Burganlage erfolgte am Ende des 13. Jhs. v. Chr. im

Abb. 39 Löwentor von Mykene

Osten. Zur Wassersicherung legte man dort eine Zisterne an. Um 1200 und 1100 v. Chr. scheint es zu schweren Zerstörungen gekommen zu sein, die allerdings nicht zu einer vollständigen Aufgabe der Siedlung führten. Zwischen 650 und 600 v. Chr. erfolgte auf dem Gipfel des Burgbergs sogar die Errichtung eines Athena-Tempels. Von hier stammende Metopenfragmente befinden sich im Athener Nationalmuseum. Auch sonst entstand in historischer Zeit innerhalb und unterhalb der Burg eine kleine städtische Siedlung, deren Einwohner die vorhandenen Mauern immer wieder ausbesserten. Das Löwentor scheint so nie unter die Erde gekommen, sondern immer sichtbar gewesen zu sein. Auch Pausanias hat es mit Teilen der Mauer gesehen (2, 16, 5). Von diesen späteren Zeiten künden zudem die Stufenreste eines kleineren Theaters unterhalb des sog. Klytaimnestra-Grabes in der Nähe des Grabkreises B. Seit 1920 sind es v. a. britische Archäologen, die Mykene erforschen.
Der Zutritt zur Burg von Mykene erfolgt wie in der Antike durch das monumentale Löwentor (Abb. 39). Bevor man es erreicht, muss man vom Parkplatz kommend davor zunächst den in einem weiteren Abstand zur Burg liegenden Zaun des weitläufigen Ausgrabungsgeländes und das Kassenhäuschen passieren. Unmittelbar dahinter liegen in einer leichten Senke das Schachtgräberrund B (vgl. Abb. 37 D) sowie einige Kuppelgräber, darunter das bereits kurz erwähnte sog. Klytaimnestra-Grab (vgl. Abb. 37 C). Diese Anlagen kann man zuerst oder beim Hinausgehen besichtigen (siehe unten).
Das Löwentor dürfte wohl eher ein Löwinnentor sein (vgl. Abb. 37 A. 40 A). Es ist Teil einer imposanten Mauer (erste Befestigung um 1350, zweite um 1250 v. Chr.) aus schweren polyonal aneinander gefügten tonnenschweren Steinen. Ihre Entstehung konnten sich Pausanias und andere in der Antike nur als Werk der Kyklopen, mythischen Riesen, vorstellen (2, 16, 5). In der Moderne denkt man eher an Vorbilder aus dem

Orient, genauer gesagt aus dem Großreich der Hethiter, das nachweislich mit der mykenischen Kultur in einem engen Austausch stand. Wer genauer hinsieht, kann an einigen Stellen der Mauer späteres Polygonalmauerwerk entdecken, das von Ausbesserungsarbeiten in hellenistischer Zeit herrührt. Vier sorgfältig behauene Riesensteine bilden das Eingangstor, dessen Schwelle und Sturz allein 4,6 m breit sind. Jeder Block wiegt mindestens 20 t. Die Seitenpfeiler besitzen die Maße 3,10 x 1,95 x 0,85/1,0 m. Im Tor sind runde Zapflöcher für Drehbalken der einst hölzernen Türen zu erkennen. Die eckigen Löcher dürften hingegen zur Verbarrikadierung mittels einzulegender Balken bestimmt gewesen sein. Über dem Türsturz befinden sich ein Pseudogewölbe zur Druckentlastung und darin ein flacher Kalksteinblock mit den beiden Tierdarstellungen. Die Raubkatzen flankieren eine Säule mit Podest in der Mitte. Die dem Betrachter einst frontal zugewandten Köpfe waren wohl aus Steatit (?) angestückt. Über der Säule könnte es weitere Bildmotive gegeben haben, vielleicht Vögel oder Kulthörner (?). Die niedrige Nische links hinter dem Löwentor könnte eher eine Kultnische als ein Wächterhaus sein.

Vom Löwentor führt ein Weg bergauf. Auf den rechts liegenden Grabkreis A wurde bereits näher eingegangen (siehe oben). Zur mykenischen Zeit dürfte der gesamte Burgberg bebaut gewesen sein. Hiervon ist jedoch nicht alles ergraben. Im hinter den Gräbern sich erstreckenden Areal mit verwinkelten Gassen und Treppen stehen die Gebäude dicht an dicht (Abb. 40 F–K). Die dort gefundenen Artefakte, darunter die berühmte Kriegervase im Athener Nationalmuseum, Freskenreste, tönerne Idole, Altäre etc., lassen vermuten, dass es sich hier um besondere Häuser (einige vielleicht Heiligtümer) handelt. Ihre modernen Bezeichnungen als Haus der Kriegervase (Abb. 40 F), Rampenhaus (Abb. 40 G),

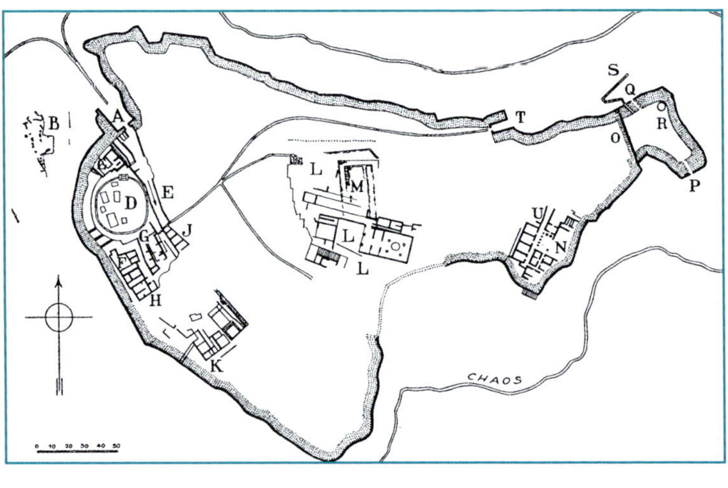

Abb. 40 Plan der Burganlage von Mykene

Südhaus (Abb. 40 H), Megaron-Haus, Haus der Idole, Haus der Fresken, Schrein, Tsountas-Haus (Abb. 40 K) und Haus des Hohenpriesters sind lediglich Hilfsnamen.
Das Machtzentrum, d. h. der eigentliche Palast, lag auf der Spitze des Berges (vgl. Abb. 37 G. 40 L). Sein Kern ist ein Megaron. So nennt man ein rechteckiges Gebäude mit einer Vorhalle, zwischen deren vorgezogenen Mauern Säulen stehen, einem weiteren Vor- sowie einem Hauptraum. In diesem liegt mittig eine Herdstelle, um die herum vier Stützsäulen gruppiert sind, die das Dach tragen. Seitlich vom Eingang gab es an der Seitenwand ein Podest, auf dem wahrscheinlich der Thron des Herrschers stand. Zum Megaron zu gelangen war nicht einfach. Der Weg wurde mehrfach gebrochen. Man musste zunächst mehrere Korridore, Treppenhäuser, besondere Eingangssituationen und Höfe durchschreiten, bis man den Sitz des Herrschers erreicht hatte. Dabei wurde auch die Ausstattung der jeweiligen Räumlichkeiten, je näher sie am Megaron lagen, immer kostbarer (verwendete Materialien und Dekor mit Fresken etc.). Die neuere Forschung sieht darin wahrscheinlich zu recht einen Ausdruck der starken Hierarchisierung der mykenischen Gesellschaft, an deren Spitze ein gottkönigähnlicher Wanax stand (siehe Einleitung). Während die Besucher den eigentlichen Herrschersitz auf ihrem recht langen Weg dahin erst dann sehen konnten, wenn sie unmittelbar davorstanden, überblickte der Wanax von oben das gesamte Areal. Die Reste des heute hier zu sehenden Megarons stammen erst aus der zweiten Bebauungsphase des Palastes im frühen 13. Jhs. v. Chr. Damals scheint eine gründliche Planierung der Bergspitze erfolgt sein. Das Palastareal besaß drei Zugänge: im Norden eine Treppe, im Westen ein zweisäuliger Torbau, auf den eine Rampe zulief, und im Süden ein zweigeschossiges Treppenhaus (an minoische Architektur erinnernd?). Der Megaronkomplex liegt etwas südlich unterhalb des eigentlich höchsten Punktes der Anlage. Ein mehrfach verwinkelter Korridor führt auf einen Vorhof. Der Hoffußboden war mit einem farbigen Schachbrettmuster aus Stuck geschmückt. Für die Nordmauer ist eine Freskenbemalung nachgewiesen, über die die übrigen Wände wahrscheinlich auch verfügt haben. Dahinter lag das Megaron mit seiner Vorhalle und dem Hauptraum. Erhalten blieb nur die nördliche, d. h. linke Hälfte. Die zweisäulige Vorhalle verfügte ebenfalls über einen bemalten Gipsfußboden. Darin stand ein Tisch für Trankopfer (?). Vier bronzebeschlagene Säulen stützten die Decke des ca. 13 x 11,5 m großen Hauptraumes. Zwei von den ehemals vier Steinbasen sind noch erhalten. Die südlichen Basen stürzten zusammen mit der südlichen Hälfte des Herdes und dem Thron (?) in die Schlucht. Von den übrigen Palastbauten ist heute nichts mehr erhalten. In früharchaischer Zeit errichtete man auf dem Gipfel einen Tempel (Bauschmuck im Athener Nationalmuseum; Abb. 40 M).

Vom Megaron führte ein kleiner Weg zum tiefer liegenden Ostkomplex mit Werkstätten im Norden. Die Funktion dieser Gebäude ergibt sich aus den dort gefundenen Resten von Gold, Elfenbein und Halbedelsteinen. Östlich davon gab es einen einst zweistöckigen Trakt, der um einen Säulenhof herumgruppiert war (Abb. 40 N). Dahinter endete die alte Burg. Erst gegen 1200 v. Chr., d. h. kurz vor der Zerstörung der gesamten Burg, wurde das Areal um den sog. Ost-Annex erweitert, der über bis zu 7 m dicke Mauern verfügte. Zwei spitzgewölbte Pforten führten im Nordosten (Abb. 40 S) und im Südosten (hier auf eine tieferliegende Terrasse; Abb. 40 P) nach außen. Dazwischen liegt der Eingang zu einer Zisterne (Abb. 40 R). Über eine Treppe gelangte man zu einer unterirdischen Wasserstelle. Das Wasser kam durch unterirdische Tonröhren aus nahegelegenen Quellen. An der Nordmauer gibt es einen Weg vom Nordosttor zum etwas mittiger gelegenen Nordtor (Abb. 40 T). Die Gebäudestrukturen ganz im Nordwesten sind einstweilen nicht zu deuten.
Beim Hinausgehen erhält man in Laufrichtung rechts zunächst die Möglichkeit, in der Nähe des Kassenhäuschens den oberhalb am westlichen Hang liegenden neuen Museumskomplex zu besuchen. Die Schliemannschen Sensationsfunde werden zwar weiterhin im Athener Nationalmuseum präsentiert, doch lohnt sich die Besichtigung dennoch. Der Ausstellungsrundgang besteht aus insgesamt vier Sälen auf zwei Ebenen, die untereinander mittels Rampen verbunden sind. Man läuft entgegen dem Uhrzeigersinn und beginnt rechts des Eingangsraumes, der im hinteren Bereich einen Ausblick auf das unterhalb des Burgareals liegende westliche Gebiet mit den Bestattungsplätzen mykenischer Adeliger bietet. In den eigentlichen Ausstellungsräumen werden diverse Aspekte des öffentlichen und privaten Lebens inklusive Kult (bspw. Freskenreste mit kultischen Szenen und Idole aus den Heiligtümer im Südbereich der Burg) und Bestattungssitten (einige Fundstücke aus dem Grabkreis B, den Kuppelgräbern, Nachbildungen der Grabbeigaben aus dem Schachtgräberrund A) in Mykene thematisiert.
In der bereits erwähnten westlich unterhalb der Burg beim modernen Eingang erkennbaren Senke können das Gräberrund B (siehe oben) sowie drei große Kuppelgräber aus der Zeit vom 15. bis 13. Jh. v. Chr. näher betrachtet werden (vgl. Abb. 37 C). Das älteste der dortigen Gräber ist das 80 m westlich des Löwentores nicht ganz so gut erhaltene sog. Aigisthos-Grab aus der Zeit zwischen 1510 und 1460 v. Chr. Zu ihm führt ein 22 m langer Gang (gr. *dromos*). Es besteht aus schlichtem Bruchsteinmauerwerk und hat keine Schwelle und nur ein kleines Entlastungsdreieck. Um 1460 bis 1400 v. Chr. ist das 120 m nordwestlich des Löwentores liegende sog. Löwengrab zu datieren. Dromos und Fassade sind aus geglätteten Bruchsteinen. Als spätestes Kuppelgrab gilt das am Ende des 13. Jhs. v. Chr. errichtete sog. Grab der Klytaimnestra (13 m hoch und

13,5 m Durchmesser), 130 m westlich des Löwentores. Es besitzt einen 37 m langen Dromos. Hier bestehen der Dromos, die Fassade, die Türpfosten, der Türsturz sowie der Kuppelraum selbst aus sorgfältig behauenen und geglätteten Konglomeratquadern. Das Entlastungsdreieck über dem Türsturz war ehemals verkleidet. Rechts und links des Eingangs standen zwei Halbsäulen. Weitere Kuppelgräber liegen am Westhang des jenseitigen Hügels.
Außerhalb des Ausgrabungsgeländes kann 400 m südlich des Parkplatzes direkt neben der Landstraße ein weiteres sehr gut erhaltenes Kuppelgrab aus der zweiten Hälfte des 13. Jhs. v. Chr. besichtigt werden, das sog. Schatzhaus des Atreus (vgl. Abb. 37 H). Zu ihm führt ein 36 m langer und 6 m breiter Dromos, dessen Seitenwände zum Grab hin ansteigen (Abb. 41). Sie bestehen aus sorgfältig behauenen großen Steinquadern. Die Fassade des Grabes ist 10,5 m hoch. Man betritt es durch eine 5,4 m hohe, sich leicht nach oben verjüngende Türöffnung, an der rechts und links Halbsäulen aus grünem Stein (heute im Athener Nationalmuseum und British Museum) den Eingang flankierten. Die Reste der Standbasen sind noch zu erkennen. Das Entlastungsdreieck war mit Reliefs verziert. Der Türsturz wurde aus zwei 9,5 m breiten Steinen gebildet, von denen einer bereits ein Gewicht von 120 t besitzt. Der Kuppelraum hat einen Durchmesser von 14,6 m und eine Höhe von 13,5 m. Gedeckt wird er von einem Pseudogewölbe, das aus 33 ringförmig aufgeschichteten vorkragenden Steine besteht, deren Innenseiten abgehauen und geglättet wurden, sodass der Eindruck eines stufenlosen glatten Keilsteingewölbes entstehen konnte. Die Stiftlöcher in der Decke verweisen auf Metallappliken. In den Felsen ist rechts eine quadratische 6 x 6 m große und 5,8 m hohe Seitenkammer gehauen worden, die ursprünglich eventuell mit Alabaster verkleidet war. Es könnte sich hierbei um die eigentliche Grabkammer handeln.

Abb. 41 Schatzhaus des Atreus

Der Palast des Herrschers von Mykene lag nicht isoliert in der Landschaft, sondern war wie die anderen spätbronzezeitlichen Zentren eingebunden in ein weit verzweigtes Straßennetz, ohne das die internationalen Beziehungen der mykenischen Burgherren gar nicht möglich gewesen wären. Schon in der unmittelbaren Umgebung von Mykene blieb dafür ein wichtiges archäologisches Zeugnis erhalten, in dessen Nähe zudem in den Dunklen Jahrhunderten ein Heroenkult seinen Anfang nahm.

13 UMGEBUNG VON MYKENE – EIN WEITERES WERK DER KYKLOPEN UND DAS HEROON FÜR AGAMEMNON

ARGOLIS

In der Nähe der mykenischen Burg gab es 1 km südlich seit etwa 1300 v. Chr. eine Brücke (Abb. 42). Ihre ‚kyklopische' Bauweise sichert die mykenische Datierung. Als Baumaterial verwendeten die mykenischen Werkleute einen örtlich anstehenden und somit leicht verfügbaren Kalkstein. Die Mauern bestehen außen aus grob rechteckig zugerichteten Steinen, deren Zwischenräume mit kleineren Steinen sowie Lehm verfüllt waren. Diese Steinschichten wechselten ab mit Lagen aus gleich hohen Steinplatten. So entstanden auf beiden Seiten Schalen, deren Zwischenraum mit kleineren unbearbeiteten Steinen verfüllt wurde. Die begeh- bzw. befahrbare oberste Mauerschicht wurde von weiteren Steinplatten gebildet. Erreichbar ist die Brücke 400 m östlich des modernen Ortes Mikinis, wo sie 70 m westlich der Kirche Agios Ionannis an dem heute meist trockenen Bachbett des Chavos liegt. Die Brücke war einst knapp 40 m lang. Davon existieren immerhin noch etwa 18,3 m am südlichen Ufer. Sie scheint direkt über dem gewachsenen Felsen errichtet worden zu sein. Diskutiert wird, ob sie nur einen oder mehrere Kragbogen hatte, mit denen der Chavos einst überspannt wurde. Ihre Höhe dürfte gut 4 m betragen haben. Ihre Basis misst ca. 5,8 m. Man nimmt an, dass sie sich nach oben hin verjüngte, und rekonstruiert einer befahrbare Breite von etwa 3,8 m, was für zwei nebeneinanderfahrende Streitwagen gereicht habe. Die Brücke war Teil einer Straße (auf beiden Seiten Reste), die Mykene mit Prosymna, wo es eine Nekropole, vielleicht auch eine Siedlung gab, sowie dem Ort des späteren Heraions von Argos verband.

An der Südseite des Baches kann nur wenige Meter östlich der Brücke eine weitere interessante Ruinenstätte aufgesucht werden. Sie ist von den englischen Forschern, die in Mykene gruben, ‚Shrine by the Bridge' (Schrein bei der Brücke) genannt worden, könnte aber ein Heroon für Agamemnon sein. Es handelt sich dabei um eine ungefähr rechteckige Anlage, deren Ausmaße einstweilen nicht zu rekonstruieren sind. Etwa

Abb. 42 Kyklopenbrücke in der Nähe Mykenes

30 m westlich der Kirche Agios Ioannis und 40 m nordöstlich der Brücke ist direkt am Bachufer lediglich ein 5 m langes Teilstück der ehemaligen Umfassungsmauer zu erkennen. An der Nordostecke könnte es einen Eingang gegeben haben. Südwestlich in ca. 17 und 20 m Entfernung liegen zwei Quermauern und weiter westlich davon zahlreiche hellenistische Dachziegel, von denen einige eine Aufschrift tragen, die sie als Besitz von Argos ausweisen. Der Boden des Heiligen Bezirks scheint mit Platten aus Schiefer ausgelegt gewesen zu sein. Im östlichen Teil ist in den Boden eine Opfergrube (gr. *bothros*) eingetieft. Er enthielt Opferreste (Asche, Tierknochen und Scherben von Tongefäßen). Ferner wurden im Heiligtum viele tönerne Votivfiguren entdeckt (weibliche Göttin und Reiter). Auf zusätzlich gefundenen Tonscherben des 4. Jhs. v. Chr. steht der Name Agamemnon, weshalb manche annehmen, das Heiligtum sei ein Heroon zur Verehrung des mythischen Königs (Funde im Museum von Mykene) gewesen. Wegen der vielen weiblichen Tonstatuetten dachten manche aber auch an die Göttin Hera. Der Heilige Bezirk wurde offenbar noch in hellenistischer Zeit frequentiert. Seine Geschichte ist freilich älter. Keramikfragmente vom Ende des 8. Jhs. v. Chr. sind die ältesten Fundstücke.

Das im Schatten von Mykene liegende Tiryns kann von Nafplion aus bequem in sehr kurzer Zeit erreicht werden. Selten verirren sich hierher größere Reisegruppen, obwohl die Anlage einen guten Eindruck von einem befestigten spätbronzezeitlichen Palast vermittelt. Neuere deutsche Ausgrabungen erbrachten zudem wichtige Erkenntnisse für die Zeit nach der Zerstörung der Burgen des mykenischen Machtbereichs.

14 TIRYNS – EIGENES MACHTZENTRUM MIT NACHSPIEL ODER NUR DER HAFEN MYKENES?

ARGOLIS

Literatur:

U. Jantzen (Hrsg.), Führer durch Tiryns (1975)

Ein Sohn des Argos namens Tiryns soll die nach ihm benannte Stadt einst gegründet haben. Dies berichtet Pausanias und erwähnt zugleich, dass die zu seiner Zeit noch sichtbaren aus unbehauenen Steinen bestehenden Mauern ein Werk der Kyklopen seien (Abb. 43). Jeder einzelne Felsblock habe eine solche Größe, dass kein Maultiergespann selbst den kleinsten von ihnen von der Stelle bewegen könnte (2, 25, 8). Tiryns ist seit den Zeiten Heinrich Schliemanns und seines Assistenten Wilhelm Dörpfeld mit meist kriegsbedingten Unterbrechungen eine deutsche Grabung. Der Burgberg, ein großer Kalksteinfelsen von etwa 300 m Länge, ragt nur knapp 25 m ca. 5 km nördlich von Nafplion an der Straße nach Argos aus der ihn umgebenden Fruchtebene heraus. In prähistorischer Zeit war das Meer nur gut 200 m entfernt. Offenkundig sollte die Befestigung von Tiryns diesen wichtigen Meereszugang kontrollieren und mögliche Invasoren von einem Eindringen in die übrige Argolis abhalten. Deshalb wird auch darüber spekuliert, ob Tiryns eventuell von dem nicht sehr weit entfernten Mykene abhängig und nur dessen Hafen war. Die antike mythische Überlieferung kennt Tiryns zuweilen als durchaus eigenständigen Herrschaftssitz. Größte Berühmtheit erreichte der Mykene und Tiryns beherrschende feige König Eurystheus, für den Herakles seine zwölf kanonischen Taten vollbringen musste.

Tiryns scheint schon seit neolithischer Zeit besiedelt gewesen zu sein. Die heute sichtbaren Ruinenreste stammen wesentlich aus der letzten Phase der Burg im späteren 13. Jh. v. Chr. Im 14. Jh. v. Chr. könnte es wie in Mykene bereits einen ersten Mauerring gegeben haben. Für den späteren wurden 60 bis 70 cm hohe Blöcke von teilweise 4 bis 5 m Länge verwendet. Die heutigen Besucher betreten den Burgberg wie in der Bronzezeit von Osten her über eine breite, ehemals mit (Streit)wagen befahrbare Rampe, die zum sog. Osttor führt (Abb. 44 Nr. 1. 3). Der dortige Befestigungsturm ist recht gut erhalten. Hinter dem Eingang befindet sich eine zweite ebenfalls befahrbare Rampe, von der man entweder zur Unterburg

oder Richtung Oberburg gelangt. Der Weg hierher ist länger und mehrfach gebrochen. Durch den 8 m hohen Haupttorbau mit dem sog. 3,2 m hohen Löwentor (Abb. 44 Nr. 9), zwei ehemals hölzernen Innentoren (Abb. 44 Nr. 12. 13), einen offenen von der 29 m langen, bastionartigen mit Kassematten versehenen sog. Ostgalerie flankierten Hof (Abb. 44 Nr. 14) wird schließlich ein großes Propylon (Abb. 44 Nr. 17) erreicht, das zu einem weiteren Hof (Abb. 44 Nr. 19) überleitet. Erst von diesem aus kann der eigentliche Palastbereich der sog. Oberburg von Tiryns durch ein zweites Propylon (Abb. 44 Nr. 21) betreten werden. Eine solche mehrfach die Richtung ändernde Wegführung kennen wir bereits aus Mykene (siehe 12) und scheint ein wichtiger sowohl repräsentativ als auch schützend bedingtes Charakteristikum mykenischer Palastanlagen gewesen zu sein. Hinter dem zweiten Propylon liegt der eigentliche Palasthof (Abb. 44 Nr. 22). Er verfügte über eine ausgemauerte Opfergrube sowie einen Altar (Abb. 44 Nr. 23) und wurde an drei Seiten von Säulenreihen eingefasst. Genau gegenüber dem Propylon befindet sich die Eingangsfassade des herrscherlichen Megarons (siehe 12). Durch eine Vorhalle kam man in einen weiteren Vorraum, von dem aus der Hauptraum (9,8 x 11,8 m) mit der mittigen Herdstelle und dem seitlich platzierten Thronbereich betreten werden konnte (Abb. 44 Nr. 24). Die Stelle ist heute durch den späteren Einbau (vielleicht bereits in den sog. Dunklen

Abb. 43 Ansicht von Tiryns

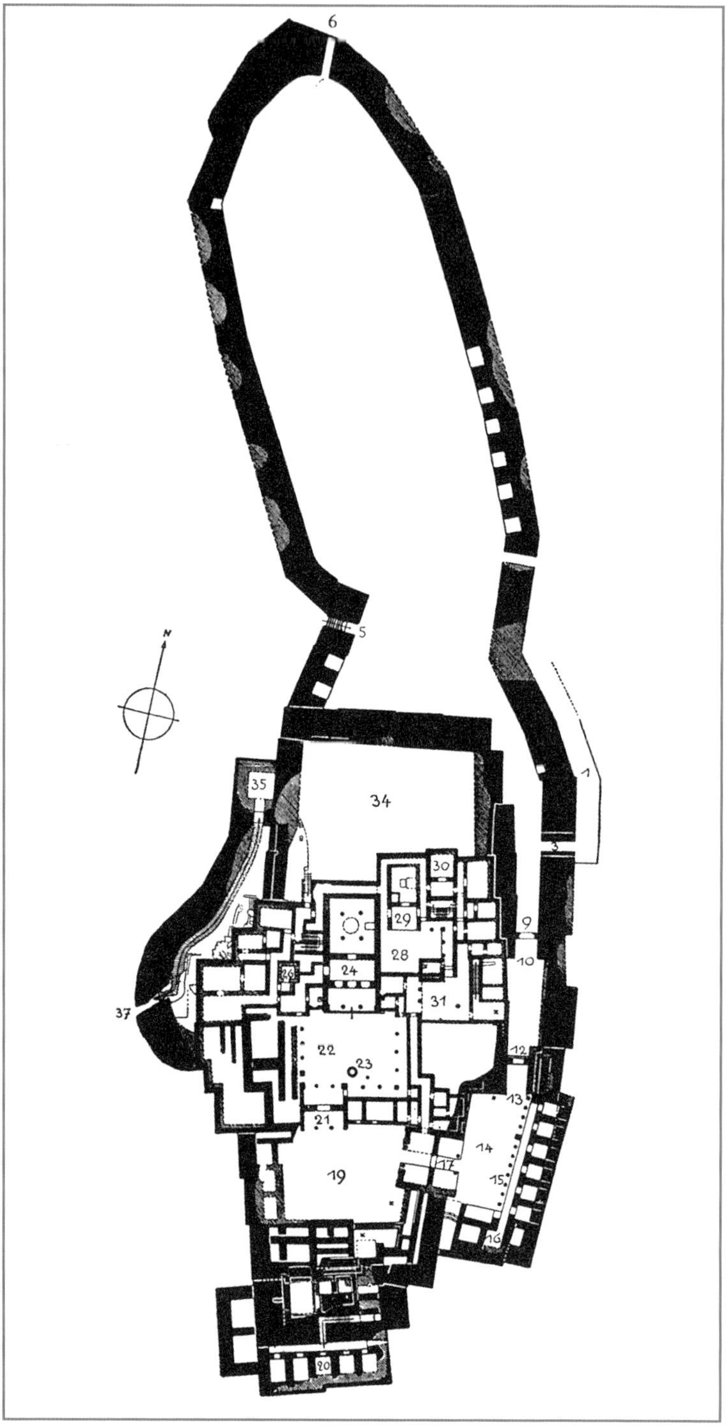

Abb. 44 Plan von Tiryns

Jahrhunderten) eines Hera-Tempels stark verunklärt, von dessen archaischen Bauphase ein dorisches Kapitell erhalten blieb. Es wurde allerdings modern versucht, die Stelle des Thrones im Pflaster zu markieren. Die mykenischen Gebäude bestanden nur in der Sockelzone aus Steinen. Das aufragende Mauerwerk war dagegen ein Fachwerkbau aus Lehmziegeln und Holz. Hölzern sind auch die Stützsäulen und das Dach gewesen. Eine farbige Pracht wurde durch die stuckierten und zum Teil mit Figurendarstellungen bemalten Wände- und Fußböden erreicht. Einen besonders luxuriösen Raum besaß der Burgherr von Tiryns westlich des Megarons (Abb. 44 Nr. 26). Sein Fußboden besteht aus einer einzigen Kalksteinplatte. Dies und die Reste eines Wasserbeckens könnten darauf hindeuten, dass er einst als Badezimmer diente. Östlich des Hauptmegarons existierte ein zweiter Palasttrakt mit kleineren Megaron-Bauten (Abb. 44 Nr. 28–31). Die tieferliegende Mittelburg (Abb. 44 Nr. 34) scheint ebenfalls dichter bebaut gewesen zu sein. Ein dort gefundener Töpferofen könnte die Existenz weiterer Werkstätten bezeugen, was ebenfalls typisch für mykenische Paläste ist. Diese stellten offenkundig in jeglicher Hinsicht (politisch, kultisch-religiös, militärisch, wirtschaftlich) die wichtigsten Machtzentren der damaligen Gesellschaft dar. Im Westen der Burg gibt es weitere Türme und andere Festungsbollwerke sowie Treppen (Abb. 44 Nr. 35. 37. 5). Von hier aus gelangt man wieder nach draußen. Ein besonderes Interesse verdient die sog. Unterburg. Neuere Grabungen haben ergeben, dass diese durchaus dichter besiedelt war.
Dies gilt ebenso für das gesamte Umland. Auf allen vier Seiten des befestigten Palastes existierten Wohnbauten. Aktuelle Forschungen erbrachten zudem wichtige Erkenntnisse über die Zeit nach der ersten größeren Zerstörung der Burg um 1200 v. Chr. Offenbar gab es eine längere Phase der Nachnutzung. Im zerstörten Megaronbereich wude ein kleineres Gebäude errichtet, dass augenscheinlich die Funktion des alten Machtzentrums übernehem sollte. Auch in der Siedlung ging das Leben weiter. Das endgültige Aus scheint erst um 1050 v. Chr. gekommen zu sein. Tiryns blieb aber bekannt, sodass sich hier seit der geometrischen Epoche eine neue Siedlung entwickelte, die allerdings vor der Mitte des 5. Jhs. v. Chr. von den Argivern zerstört worden ist, die die Einwohner zur Vergrößerung ihrer eigenen Stadt nach Argos zwangsumgesiedelt hätten (Pausanias 2, 25, 8; 8, 27, 1). Zur Umgebung der Burganlage von Tiryns gehört am Hang des nahe gelegenen Profitis-Ilias-Berges ein gut erhaltenes spätmykenisches Tholosgrab. Dort gefundene Keramikscherben des 7. Jhs. v. Chr. deuten auf einen früharchaischen Heroenkult an dieser Stelle hin. In der römischen Kaiserzeit wurde der gesamte Bezirk jedoch in einen Mühlenbetrieb umgewandelt, was durch im Kuppelraum liegende Mahlsteine und anderes Gerät deutlich wird.

Abseits großer Besucherströme erwartet die Akropolis von Midea interessierte Reisende, die ihre Kenntnis mykenischer Herrschersitze nach einem Besuch von Mykene und Tiryns weiter vervollständigen wollen. Die beeindruckenden Mauerreste künden davon, wie mächtig der Herr dieser Festung einst gewesen sein muss. Sie dominierte die gesamte Ostspitze der Argolis.

15 MIDEA – EIN UNBERECHTIGTERWEISE WEITGEHEND UNBEKANNTES MYKENISCHES ZENTRUM

Eine weitere sehr sehenswerte Burganlage mykenischer Zeit kann 1 km südlich des modernen Dorfes Midea (10 km östlich von Argos) auf einem etwa gut 170 m hohen Hügel besichtigt werden (Abb. 45). Geforscht haben hier verschiedene griechisch-schwedische Archäologenteams. Pausanias (2, 16, 2) nennt Proitos als Herrn von Midea. Es existeren aber auch andere Sagenvarianten. So soll Perseus' Sohn Elektryon eine Phrygerin namens Mideia geheiratet (Apollodor, Bibliotheke 2, 4, 4–5) und ihr zu Ehren die von seinem Vater gegründete Stadt von Persepolis in Midea umbenannt haben. Siedlungsspuren aus dem 5. und 4. Jt. v. Chr. belegen die Anwesenheit steinzeitlicher Menschen. Im 14. und 13. Jh. v. Chr. scheint Midea ein wichtiges mykenisches Zentrum gewesen zu sein. Die heute sichtbaren Mauer- und Hausreste sind wesentlich um die Mitte des 13. Jhs. v. Chr. errichtet worden. Wie auch Mykene und Tiryns erlebte Midea um 1200 v. Chr. eine schwere Zerstörung, blieb aber im 12. Jh. v. Chr. weiterhin bewohnt. Im 7. und 6. Jh. v. Chr. könnte hier ein Heiligtum existiert haben. Midea wurde wie Mykene und Tiryns im 5. Jh. v. Chr. von den Argivern zerstört (8, 27, 1). Bereits der Geograph Strabon hatte die Stadt im 1. Jh. n. Chr. verlassen vorgefunden (8, 6, 11), und Pausanias sah hier nur noch den Erdboden (2, 25, 9). Diese Zeugen haben aber eventuell etwas übertrieben, da es vor Ort auch keramische Funde gibt, die auf eine weitere Besiedlung in spätantiker (4.–7. Jh. n. Chr.) und byzantinischer Zeit (12.–13. Jh. n. Chr.) hindeuten.

Das mykenische Midea, dessen Akropolis zusammen mit Burgresidenzen von Mykene und Tiryns zu den drei beherrschenden mykenischen Zentren der Argolis zu zählen ist, besaß nämlich immerhin eine Fläche von wenigstens 24.000 m². Der Hügel, auf dem die Akropolis steht, dominiert gewissermaßen die Ostspitze der argolischen Ebene und befindet sich ungefähr in der Mitte zwischen Mykene und Tiryns. Gesichert war die Anlage durch eine etwa 450 m lange und 5 bis 7 m starke Mauer aus großen Felsblöcken mit kleineren Steinen als Füllmaterial. Sie blieb in

Abb. 45 Midea

Teilen bis zu einer Höhe von 7 m erhalten. Wegen der steilabfallenden Südostflanke wurde sie nur an den anderen Seiten des Burgberges errichtet. An den Ecken legte man zudem Bastionen an. Der Eingang erfolgte über zwei Tore (Haupttor im Osten und ein kleinerer Zugang im Westen). Im Nordwesten entdeckten die Ausgräber einen unterirdisch angelegten Gang, der als Ausfalltor dienend unter der Mauer hindurchführte. Zum Ost- wie zum Westtor gelangte man jeweils über eine Rampe, die auf eine Terrasse mündete. Im Westen ist nördlich davon eine 11 x 11 m große quadratische Bastion nachgewiesen. Das Tor selbst scheint in der Mitte durch eine Stütze (Fund einer 30 cm hohen stuckierten Basis) zweigeteilt gewesen zu sein und besaß seitlich eine Kammer (für die Wachen?) mit darin gefundenen Resten von Vorratsgefäßen und Wandmalereien (Miniaturfresko?). Beide Tore sind mittels einer innerhalb des Mauerrings gelegenen Straße miteinander verbunden gewesen. Östlich dieses Weges existiert eine mit einer Stützmauer versehene Felskante, die das Areal in eine Unter- und eine Oberburg teilt, die direkt vom Osttor aus erreicht werden konnte. Die Oberburg erbrachte zwar zahlreiche Keramikfunde (ab Neolithikum), aber keine wirklichen Baureste. Trotzdem vermutet man wegen der zum Teil hohen Qualität der gefundenen Gefäßfragmente hier den Palast von Midea.
Im Gegensatz hierzu entdeckten die Ausgräber in der Unterburg u. a. ein als Megaron bezeichnetes großes Gebäude mit den Maßen 14 m (Länge) x

Abb. 46 Sog. Dendra Rüstung; Nafplion, Museum

7,5 m (Breite). Um 1200 v. Chr. wurde es zerstört und durch einen länglichen Neubau mit mittiger Säulenreihe ersetzt. Es muss sich hierbei um eine bedeutende Anlage gehandelt haben, da aus dem Schutt des Megarons Siegelabdrücke, Schmuck (Fayence, Glas), tönerne Idole, Waffen (Schwertknauf) und rituell genutzte Gefäße geborgen werden konnten. Mit Fresken waren die Wände eines größeren Komplexes in der Nähe des Westtores bemalt, der aus 15 um einen Mittelgang gruppierten Räumen bestand und eventuell über ein zweites Obergeschoss verfügt hatte. Die dort entdeckte Keramik stammt aus den Jahren zwischen 1240 und 1190 v. Chr. Drei nur 40 m nördlich des Westtores an einem Weg stehende Hausreste könnten vielleicht Werkstätten gewesen sein, wie es die dortigen Funde von Siegeln, Werkzeugen und Rohstoffen (u. a. Halbedelsteine) nahelegen. Eine Tonplombe mit der Darstellung eines Löwen, der einen Stier attackiert, trägt sogar eine mykenische Linear-B-Inschrift, die sich mit Tribut an das Megaron von Aisonios übersetzten lässt.
Von einem der Streitwagenkrieger Mideas blieb aus dem späten 15. Jh. v. Chr. eine bronzene Rüstung erhalten (Abb. 46). Mehrere breite Metallringe bilden einen Brust- und Rückenpanzer. Schultern und Hals besitzen einen gesondert gearbeiteten Schutz. Zusätzlich trug der so Gerüstete einen Eberzahnhelm. Um ihn herzustellen, nähte man auf einen ledernen Untersatz (nicht erhalten) zahlreiche mit Bronzewaffen kaum zu durchdringende Wildschweinzähne so auf, dass sie mit ihren leicht gekrümmten Seiten dicht an dicht lagen und auf diese Weise einen optimalen Schutz boten. Die Rüstung lag in einem Grab in Dendra (16).

Ein Besuch Mideas wäre nicht vollständig ohne eine Besichtigungstour ins nur 1,5 km entfernte Dendra. Dort bestatteten höchstwahrscheinlich die Herrscher von Midea ihre Toten. Vor Ort zu sehen sind mehrere aufwändige Grabanlagen. Die reichen Funde gelangten dagegen in die Archäologischen Museen von Athen und Nafplion. Zu ihnen gehört die berühmte Bronzerüstung von Dendra inklusive eines Eberzahnhelms (Museum Nafplion).

16 DENDRA – DIE NEKROPOLE DER HERREN VON MIDEA

Die Grabanlagen von Dendra bilden zusammen einen der bedeutendsten Bestattungsplätze der mykenischen Zeit. Griechische und schwedische Archäologen entdeckten hier insgesamt ein großes Kuppelgrab sowie 16 in das weiche Felsgestein eingetiefte Kammergräber aus der späten und drei Kuppelgräber aus der mittleren Bronzezeit. Die Nähe zum Burgberg von Midea berechtigt zu der Annahme, dass die Nekropole von dort aus belegt worden ist. Neolithische und frühbronzezeitliche Mauerreste könnten frühe Besiedlungsspuren sein. Zu sehen sind vor Ort v. a. ein Kuppelgrab und zehn Kammergräber; sechs wurden wieder zugeschüttet. Die Nekropole wurde hauptsächlich im 15. und 14. Jh. v. Chr. belegt (Abb. 47).

Gleich links hinter dem Eingang zur Ausgrabungsstätte stößt der Besucher auf das vermutlich zwischen 1450 und 1350 v. Chr. errichtete Kuppelgrab. Ein 17,9 m langer Gang (Dromos) führte zur Grabkammer (Durchmesser 7,3 m und 7 m vermutete Höhe), deren einstige Kuppel allerdings eingestürzt ist. Es gab dort wenigstens vier Bestattungen, deren in den Boden eingetiefte Gruben ungeplündert entdeckt werden konnten. Die reichen Grabbeigaben bestehen u. a. aus Edelmetallgefäßen, Schmuck und Siegelsteinen. Im 9. Jh. v. Chr. nutzte man den Gang für eine weitere Bestattung.

Auch die Kammergräber besitzen allesamt Dromoi, die von Westen oder Südwesten her den Zugang zu den unterirdischen, in den Felsen geschlagene Grabkammern ermöglichen, die zum Teil noch einen Seitenraum besitzen, der dort, wo er existiert, immer südlich des Hauptraumes zu finden ist. Bestattet wurden die Toten in separaten, in den Boden eingetieften Grabschächten.

Etwa 30 m nördlich des Kuppelgrabes kann das erste Kammergrab, dessen Dach eingestürzt ist, besichtigt werden. In der Zählung der Ausgräber handelt es sich dabei um die Nr. 9. Zu erkennen sind ein langer Gang,

Abb. 47 Dendra, Grabanlage

die rechteckige Grabkammer mit sechs Schächten und in der Nordwand eine Nische mit zwei Vertiefungen. Entdeckt wurden zudem Reste der einstigen Grabbeigaben (Keramik, Schmuck, weibliche Fayencestatuette, Steatitlampe, silberner Gefäßgriff). Weiter in nördlicher Richtung erreicht man nach 20 m das Grab Nr. 8. Es besaß sowohl eine Haupt- (mit steinerner Felsbank im Norden) als auch eine Seitenkammer. Hier lag aufgrund der gemachten Funde (Dolch, zwei Messer, Pfeilspitzen aus Obsidian und Feuerstein, Schulterteil einer bronzenen Rüstung und Elfenbeinschnitzereien) einst sicher ein Mann bestattet. 10 m südlich der Nr. 8 liegt die Nr. 6. Dieses Grab hat ebenfalls eine Seitenkammer und zwei Grabgruben mit Beigaben (Eberzähne von einem Helm, bronzene Pfeilspitzen, ein Kohlebecken aus Ton). Nach weiteren 15 m in südlicher Richtung stößt man auf das Kammergrab Nr. 10, das als eines der ältesten und reichsten der Nekropole von Dendra gilt. In einem der beiden Grabschächte entdeckten die Ausgräber die Bestattung einer Frau. Der Toten waren neben qualitätvollen Tongefäßen und einer Schale aus Elfenbein v. a. goldener Schmuck sowie Gefäße, darunter ein Goldbecher mit auf die Jenseitsreise gegeben worden. Direkt nördlich des Ganges von Grab 10 schließt das kleine Kammergrab Nr. 12 aus dem Ende des 15. Jhs. v. Chr. an. Es besitzt keinen eigenen Dromos, sondern war nur über einen Schacht zugänglich. Es muss einem hochgestellten Krieger gehört haben. Aus ihm stammt die berühmte Dendra-Rüstung (heute im Museum Nafplion; vgl. Abb. 46). Von hier aus sind es in nördlicher Richtung etwa 40 m, bis einer der drei mittelbronzezeitlichen Grabhügel (lat. *tumulus*) erreicht wird. Östlich daneben befindet sich das Kammergrab Nr. 7. Vier von fünf Grabschächten waren geplündert; der fünfte enthielt bronzene Gefäße und Waffen. In einem Grab nördlich des Tumulus lagen vier Hengste im Alter von 14 bis 17 Jahren. Ein benachbartes einfaches Kistengrab gehört nicht zu dieser Bestattung. Knochen weiterer Pferde fand man 10 m weiter nördlich zwischen den Kammergräbern Nr. 15 und 16. Diese Tiere zählten zum Prestigebesitz mykenischer Kriegerherren, dessen Streitwagen sie zogen. Mehrfach sind daher entsprechende Opferungen im Rahmen der Beisetzungszermonien für solch hochgestellte Persönlichkeiten belegt. Nur 4 m östlich des einfachen Kistengrabes befindet sich ein weiteres Kammergrab (Nr. 16), bei dessen Anlage ein älterer Grabtumulus in Mitleidenschaft gezogen wurde (kaum Funde: wenig Keramik und Knochen, dafür aber Reste eines Wandverputzes der Grabkammer). Das in 8 m Entfernung nördlich angelegte Kammergrab Nr. 15 beschädigte ebenfalls einen älteren Tumulus. Weiße Erde bedeckte den Boden der Grabkammer. Das Kammergrab Nr. 2 ist 10 m westlich von Grab Nr. 16 zu sehen. Die rechteckige Grabkammer barg trotz Ausraubung noch zahlreiche Beigaben (elfenbeinerne Dekorelemente, ein Amulett sowie ein Knopf aus vergoldetem Eisen, Siegelsteine, Gefäße aus Alabaster, eine Lampe aus Steatit, bronzene Waffen, Reste eines Eberzahnhelms, drei Steintafeln). Im Gang lagen weitere bronzene Objekte. Als letztes Kammergrab ist die Nr. 1 zu erwähnen. Dieses findet man 7 m nördlich von Grab 2. Seine an sich rechteckige Grabkammer weist abgerundete Ecken auf. In den fünf Grabschächten konnten noch einige Beigaben entdeckt werden (ein Ring aus Bronze, Knöpfe aus Steatit, gläserne Perlen sowie Gefäße und Idole aus Ton).

Schwedens späterer König wusste schon, warum er hier Ausgrabungen beginnen wollte. An einer zauberhaften Bucht, die in den warmen Sommermonaten viele Sonnenhungrige aus aller Herren Länder anzieht, entwickelte sich in der Bronzezeit eine mykenische Siedlung, die sich sehen lassen konnte. Später erregte der Platz wegen seiner strategischen Bedeutung die Aufmerksamkeit antiker Feldherren wie ebenso die Mussolinis.

17 ASINE – MYKENER IM BADEPARADIES

ARGOLIS

Südwestlich von Nafplion hat sich die Gemeinde Tolo (Tolon) zu einem vielbesuchten Badeort entwickelt. An der Bucht liegen aber auch beim modernen Dorf Asini die Reste des v. a. von schwedischen Archäologen erforschten Asine. Der von Archäologie begeisterte spätere schwedische König Gustav VI. Adolf (1882–1973) regte hier während seiner Kronprinzenzeit erste schwedische Grabungen an. Die Ruinen befinden sich auf einem 330 m langen und 50 m hohen ins Meer hineinragenden Felsen sowie zusätzlich westlich davon auf einem Barbouna genannten Hügel.

Asine war seit dem neolithischen 6. Jt. v. Chr. besiedelt. Für die Zeit des 3. Jts. v. Chr. konnte im unteren Bereich der Akropolis und an ihrem Nordhang zum Barbouna-Hügel hin eine recht ausgedehnte Siedlung mit gut gebauten Häusern und Bestattungen archäologisch nachgewiesen werden. Manche Häuser besaßen sogar tönerne Dachziegel. Funde importierter Keramik (Kykladen, Troia) könnten auf Fernhandel hindeuten. Siegel und Siegelabdrücke belegen wohl frühe Formen der Besitzorganisation. Am Ende der Frühen Bronzezeit scheint es in Asine im Gegensatz zu vielen anderen frühbronzezeitlichen Siedlungen in Griechenland zu keiner wirklichen Zäsur gekommen zu sein. Asine blieb auch in der Mittleren Bronzezeit weiterhin eine große Siedlung, die sich vom Nordhang der Akropolis bis zum Südhang des Barbouna-Hügels erstreckte. Einige Bewohner konnten sich unter Erdhügeln in Kistengräbern bestatten lassen, was eventuell als Hinweis auf eine stärkere soziale Schichtung der damaligen Gesellschaft gewertet werden kann. Zur Etablierung eines eigenen Wanax und dem Bau eines Palastes scheint es in der Späten Bronzezeit, der mykenischen Epoche, nicht wie andernorts in der Argolis gekommen zu sein. Zumindest sind bislang keine Reste eines entsprechenden Baukomplexes entdeckt worden. An der Ostseite des Barbouna-Hügels existieren jedenfalls erwähnenswerte Kammergräber aus dieser Zeit. Ins 12. Jh. v. Chr. gehört ein Haus im unteren Bereich des Nordhangs der Akropolis. Es ist besonders bemerkenswert wegen der dort gefundenen Objekte, die auf einen Kult hindeuten. Bekannt ist der Kopf eines größeren Tonidols, der sog. Lord von Asine, der vielleicht eine Lady war. In mykenischer Zeit muss Asine bedeutend gewesen sein, sonst hätte Homer die Stadt sicher nicht in seinem Schiffskatalog (Ilias 2, 560) erwähnt, der alle am Zug nach Troia beteiligten Achaier inklusive der Anzahl der von ihnen gestellten Schiffe verzeichnet. Auch hat es am Ende der mykenischen Epoche keinen Bruch gegeben. Asine blieb selbst in den Dunklen Jahrhunderten bewohnt. Der Schwerpunkt dieser geometrischen Siedlung (Häuser in Apsidenform mit Steinfundamenten und Mauern aus Lehmziegeln oder Flechtwerk) lag östlich der Akropolis. Zu ihr gehörte auf dem Barbouna-Hügel das wohl bereits um die Mitte des 8. Jhs. v. Chr. gegründete Heiligtum des Apollon Pythaios. Zwei Gebäude sind hier nachgewiesen, die die Ausgräber der Einfachheit halber mit den Buchstaben A und B bezeichneten. Das ältere Gebäude B war ebenfalls ein Apsidenbau mit Steinfundament und aufgehendem Mauerwerk aus Lehm, gedeckt von einem Strohdach. Es brannte um 720 v. Chr. ab. Stattdessen errichtete man östlich davon das 4,3 x 9,6 m große Gebäude A. Es scheint länger in Benutzung gewesen und mehrfach umgebaut worden zu sein (Fund eines Traufleistenfragments aus dem 6. Jh. v. Chr.). Das Heiligtum wurde verschont, als Argos Asine um 700 v. Chr. zerstörte. Thukydides (5, 53) erwähnt seine Existenz für das Jahr 419 v. Chr. und Pausanias sah es noch in Benutzung (2, 36, 4–5). Gegen 300 v. Chr. scheint es in Asine wegen der strategischen Bedeutung

Abb. 48 Teile der Stadtmauer von Asine

des Platzes zur Errichtung größerer Festungsanlagen gekommen zu sein. Hierzu gehörten Bastionen für Katapulte. Hausreste des 2. Jhs. v. Chr. mit Zisternen (Akropolis und Unterstadt) lassen eine intensivere Besiedlung vermuten. Der Geograph Strabon nennt Asine allerdings ein Dorf (8, 6, 11) und Pausanias will bis auf das Apollon-Heiligtum sonst nur Trümmer bemerkt haben (2, 36, 4). Gänzlich unbewohnt scheint Asine in der Folgezeit jedoch nicht gewesen zu sein. So wurden bauliche Aktivitäten in der Spätantike (Errichtung eines Badekomplexes) sowie in der Neuzeit festgestellt. Das spätrömische (5./6. Jh. n. Chr.) Bad steht in der Unterstadt auf den Resten einer früheren Bebauung. Es gab, wie bei römischen Thermen üblich, mehrere Räume, in denen das Wasser unterschiedliche Wärme- bzw. Kältegrade aufwies. Das Gebäude scheint recht luxuriös gewesen zu sein. So besaß es eine Hypokaustenheizung, und ein Teil der Räumlichkeiten war mit Marmorplatten ausgestattet. Zudem wurden in Asine spätantike Gräber gefunden, in der die Toten nach christlichem Ritus begraben worden sind. Im Zweiten Weltkrieg setzten sich kurzzeitig italienische Truppen auf dem Hügel fest und legten Schützengräben sowie Wachtürme an.
Die Ruinen liegen fußläufig 1 km nordöstlich von Tolo entfernt (Abb. 48). Besucher können die beiden Hauptphasen der Bebauung recht gut voneinander unterscheiden. Die bronzezeitlichen Mauern bestehen aus roh behauenen Steinen, dem sog. Kyklopenmauerwerk, die hellenistischen dagegen aus kleinteiligerem Polygonalmauerwerk. Ein Teil von Asine ist von der Bucht von Tolo aus gut zu sehen. Der Weg zu den Ausgrabungen endet an einem hellenistischen Turm.

In einer Tropfsteinhöhle sind antike Weihgeschenknischen zu sehen, und außerhalb liegt ein einzigartig gut erhaltenes Bauwerk von ausgesprochen seltener Form. Die Pyramide war jedoch kein Grab, sondern aller Wahrscheinlichkeit nach ein hellenistischer Wehrturm, von denen es einige in der Argolis gab.

18 KEFALARI – KULTHÖHLE UND EINE MERKWÜRDIGE PYRAMIDE

Im knapp 6 km außerhalb von Argos liegenden Dorf Kefalari ist eine hier 60 m tief in das Karstgestein hineinreichende Tropfsteinhöhle einen archäologisch motivierten Abstecher wert, da der heutige Wallfahrtsort des Muttergottes bereits im Altertum als Kultstätte genutzt wurde. So sind die zum Aufstellen von Weihgeschenken bestimmten Nischen in den Höhlenwänden, in denen man auch entsprechende Votivgaben fand, keineswegs mittelalterlich oder neuzeitlich, sondern antik.

Darüber hinaus befindet sich 2 km außerhalb des Dorfes am Weg nach Elliniko auf einem beherrschenden Hügel ein weiteres archäologisches Denkmal, das nach dem antiken Ortsnamen und wegen seiner eigentümlichen Form Pyramide von Kephalaria genannt (auch Pyramide von Hellenikon oder Pyramide von Kenchreai) wird (Abb. 49). Der genaue Standort ist eine kleine Anhöhe nahe der Wasserfälle des Erasinoflusses am Fuß des Ostausläufers des Ktenias-Gebirges. Etwa 80 m davon verläuft ein meist trockenes Bachbett. Auf dessen anderer Seite etwa 200 m südlich davon wurde ein Turm mit einer Grundfläche von 10 x 10 m entdeckt. Die Pyramide selbst ist 14,7 x 12, 6 m groß und aus grauen trapezoiden, teilweise polygonalen Kalksteinblöcken erbaut. Ihre bis zu 3 m hohen geböschten Mauern weisen eine Neigung von 55° auf. Man geht davon aus, dass es sich hierbei in keinem Fall um eine wirkliche Pyramide, sondern lediglich um den unteren geböschten Sockel eines turmähnlichen Gebäudes handelt.

Der Zugang ins Innere erfolgte an der südöstlichen Ecke über eine Aussparung mit einem dreieckigen 1,1 m breiten Türbogen. Von hier aus gelangte man zuerst in einen schmalen Korridor; an dessen Ende sich rechts eine Öffnung befindet, durch die ein 7,1 x 7,1 m großer quadratischer Raum betreten werden kann. Der Fußboden der Innenräume bestand aus festgestampftem Lehmboden, der mit einer Schicht aus kleinen Steinen bedeckt war. Im Innern gab es im Norden eine kleine, heute allerdings wieder zugeschüttete Zisterne mit einem noch zu erkennenden Überlauf an der Nordwand (Abb. 50). Der Innenraum könnte zweige-

Abb. 49 Pyramidenbau

Abb. 50 Nordwestecke mit Balkenlöchern und Öffnung für den Abfluss

teilt gewesen sein. Das Polygonalmauerwerk stammt frühestens aus dem 4. Jh. v. Chr., vielleicht sogar erst aus hellenistischer Zeit. Der eigentliche Turm hat sicherlich aus Lehmziegelwänden mit Öffnungen zum Verschießen von Pfeilen bestanden. Dieses Gebäude gehörte einst zu einem System von Wachposten zur Sicherung der Argolis (siehe auch 23).

Die Hera-Priesterinnen des Heiligtums lieferten in der Antike so manchen Stoff für Anekdoten. Eine fuhr auf einem von ihren beiden Söhnen gezogenen Festwagen von Argos zu einer Kultfeier hierher und eine andere war so unachtsam, dass gleich der ganze Tempel abbrannte und sie selbst nach Tegea fliehen musste. Beiden war es nicht vergönnt, das kostbare Goldelfenbeinkultbild der Göttin von der Hand des Bildhauers Polyklet zu sehen, das noch Pausanias bewunderte.

19 HERAION VON ARGOS – TÖDLICHER MUTTERTAG

Nordöstlich des modernen Dorfes Chonikas wurde am Nordostrand der argivischen Ebene Hera in einem weithin berühmten Heiligtum verehrt, das seit früharchaischer Zeit zu den bedeutendsten ganz Griechenlands zählte. Die Stadt Argos verwaltete es. Die Liste der namentlich bekannten Hera-Priesterinnen diente mancherorts zur Datierung. Bei Homer wird hier Agamemnon zum Führer der Griechen gewählt. Eine bekannte Geschichte ist die von Herodot (1, 31) wonach eine Priesterin der Hera wegen eines unpünktlichen Ochsengespanns, das nicht rechtzeitig in Argos zur Stelle war, fast zu spät zu einer wichtigen Kultfeier ins Heraion gekommen wäre, wenn sich nicht ihre eigenen Söhne namens Kleobis und Biton flugs selbst das Zaumzeug übergestreift und den schweren Festkarren samt Mutter von der Stadt ins mehrere Kilometer weit entfernte Heiligtum gezogen hätten. Die Priesterin war darüber so entzückt, dass sie im Angesicht des Kultbildes einen frommen mütterlich stolzen Wunsch äußerte, die beiden jungen Helden sollten bitte von Hera die für Menschen schönste Gabe erhalten. Daraufhin legten sich die beiden Glücklichen im Heiligen Bezirk zu einem erholsamen Schlaf nieder, aus dem sie nie wieder erwachten. Der ruhige und frühe Tod war es also, der den Unsterblichen als geeignetes Geschenk für ohnehin Sterbliche erschien. Das Hera-Fest fand jährlich statt, war mehrtägig und beinhaltete lange Prozessionen, die von Argos, den umliegenden Gemeinden und sogar Mykene hierherführten. Höhepunkt ist sicherlich die Opferung einer Hekatombe (Hundertschaft) Rinder gewesen, deren Opferfleisch die Kultgemeinde anschließend gemeinsam verspeiste. Dazu gab es heilige Gesänge und Tänze. Ebenso fanden sportliche Wettkämpfe zu Ehren der Göttin statt.

Die ersten Ausgrabungen erfolgten um 1900 durch amerikanische Archäologen. Sie führten zur Entdeckung von Fragmenten des Skulpturenschmucks des klassischen Tempels sowie archaischer Votivgaben (alle im

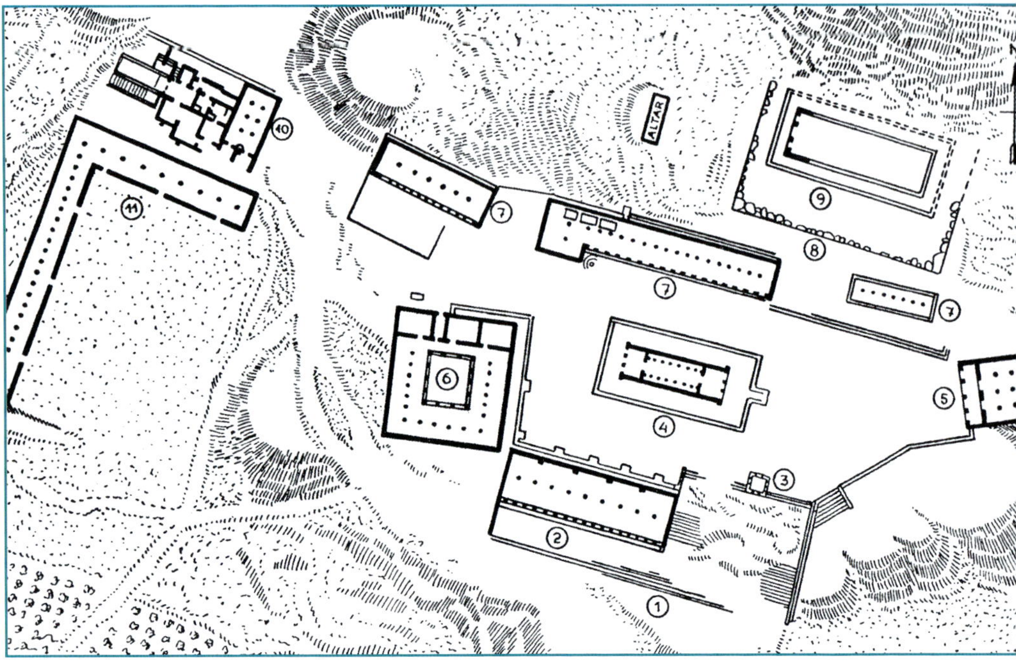

Abb. 51 Plan des Heraions

Athener Nationalmuseum). Von den meisten Bauwerken blieben nur die Grundmauern erhalten, da die Steine des aufgehenden Mauerwerks für spätere Kirchenbauten wiederverwendet worden sind. Das Heiligtum erstreckte sich über drei Terrassen direkt am Hang. Sie waren durch breite Freitreppen miteinander verbunden, die auch als Tribünen für die Festteilnehmer dienten (Abb. 51).

Die untere Terrasse verfügte über mehrere Bauwerke. Eine Treppenanlage (Abb. 51 Nr. 1) ermöglichte hier den Zutritt zu einer im Süden platzierten Halle (Abb. 51 Nr. 2) aus dem 6. Jh. v. Chr. An sie schloss nordwestlich ein ebenfalls ins 6. Jh. v. Chr. zu datierender, von Säulenhallen umgebener Hof mit drei Räumen im Norden an, in denen Gelagebetten standen (sog. Westbau; Abb. 51 Nr. 6). Stimmt die vermutete Zeitstellung, so wäre dieser Gebäudekomplex das früheste Beispiel für einen speziellen Bautypus, den des Peristyls. Weiter westlich liegen im Gelände Reste eines Gymnasions (Palaistra) und einer römischen Thermenanlage (Abb. 51 Nr. 10–11). Über eine Treppe östlich der Südhalle konnte man die mittlere Terrasse erreichen.

Die in klassischer Zeit für den Tempel genutzte Terrasse besaß einen Altar (Abb. 51 Nr. 3). Er stand an ihrem Südrand direkt am oberen Ende der von der untersten Terrasse heraufführenden Treppe, während der Tempel selbst die Mitte des Platzes einnahm (Abb. 52). Der vom argivischen Architekten Eupolemos zu verantwortende Neubau des Tempels,

ein dorischer Ringhallenbau mit 6 x 12 Säulen, erfolgte interessanterweise nicht an der alten Stelle, sondern auf der darunterliegenden mittleren Terrasse (vgl. Abb. 51 Nr. 4). In der Cella standen zwei Reihen von Innensäulen, deren einstige Standorte noch im Fundament sichtbar sind. Hier saß das Kultbild der Hera auf einem Thron. Verfertigt hatte es Polyklet von Argos. Die Göttin war aus Gold sowie Elfenbein und von bedeutender Größe, wie Pausanias sich ausdrückt. Sie trug eine Krone mit Darstellungen der Chariten sowie Horen. In der einen Hand hielt Hera einen Granatapfel und in der anderen ein Zepter (Pausanias 2, 17, 4). Neben ihr stand eine ebenfalls goldelfenbeinerne Statue der Hebe von der Hand des Naukydes und daneben wiederum auf einer Säule ein uraltes hölzernes Sitzbild der Hera aus wildem Birnbaum, das Pausanias noch selbst gesehen habe, wie er ausdrücklich schreibt (2, 17, 5). Unter den vielen Weihgeschenken, die der Reiseschriftsteller anschließend aufzählt, sei nur ein Goldkranz und ein Purpurgewand erwähnt, beides Votive des Kaisers Nero (2, 17, 6). Das berühmte Kultbild ist auf Münzen der Stadt Argos abgebildet. Am Ostrand der Terrasse hatte man bereits im 6. Jh. v. Chr. eine vierschiffige Versammlungshalle angelegt (vgl. Abb. 51 Nr. 5). Vor der nördlichen Stützmauer (vgl. Abb. 51 Nr. 8) der oberen Terrasse wurden schon im frühen 6. Jh. v. Chr. zwei dorische zweischiffige Säulenhallen angelegt, die Weihgeschenke aufnehmen sollten (vgl. Abb. 51 Nr. 7). Sie sind die beiden ältesten

Abb. 52 Blick auf das Heraion mit dem Fundament des klassischen Tempels

bekannten Exemplare dieses Gebäudetypus. Die vor Ort sichtbaren, breit ausladenden dorischen Kapitelle bestätigen diese Frühdatierung. Die Kyklopenmauer, vor der die Hallen standen, werden von manchen Archäologen für mykenisch, von anderen hingegen für geometrisch (8. Jh. v. Chr.) gehalten, sie dürften aber zeitgleich mit dem alten Tempel sein, folglich aus dem 7. Jh. v. Chr. stammen. Eine dritte Halle lag weiter westlich (vgl. Abb. 51 Nr. 7). Zwischen den Hallen führte eine Treppe zur obersten Terrasse.

Diese war in archaischer Zeit dem dort stehenden Tempel aus dem 7. Jh. v. Chr. vorbehalten (vgl. Abb. 51 Nr. 9). Das Gebäude brannte im Jahr 432 v. Chr. (Thukydides 4, 133) durch die Schuld der damals amtierenden Hera-Priesterin Chryseïs ab, die sich anschließend ins Asyl nach Tegea begab. Es hatte sie einfach die Müdigkeit übermannt, sodass sie nicht mitbekam, wie ein Leuchter in Brand geriet. Dennoch hätten die Argiver ihre Statue nicht zerstört. Sie stünde noch heute vor dem abgebrannten Bau, von dem Fundamente, und was die Flamme sonst noch übrigließ, vorhanden seien, wusste Pausanias (2, 17, 7) für seine eigene Zeit zu berichten.

Ferner gab es noch auf der Westseite des Areals ein Gymnasion (vgl. Abb. 51 Nr. 11) und eine Therme (vgl. Abb. 51 Nr. 10). Im Gelände westlich des Heraions von Argos wurden ferner eine Reihe mykenischer Kammergräber und die wenigen Reste einer mykenischen Zitadelle entdeckt. Die Gemarkung ist unter dem Namen Prosymna bekannt, obwohl sie nicht direkt beim gleichnamigen modernen Dorf liegt. Von diesem geht eine Stichstraße in ein Tal mit Olivenbäumen und Zypressen ab. Zunächst fährt man an der Ruine eines hellenistischen Turms vorbei, dann passiert man eine römische Therme und kommt schließlich zu einem mykenischen Kammergrab.

Wer die Betrachtung der mykenischen Baukunst nicht ausschließlich auf die burgähnlichen Palastsitze und Grabanlagen beschränken möchte, ist hier genau richtig. Die Mykener verstanden sich offenbar auch auf die Errichtung wichtiger Infrastrukturbauten. Sie legten ein weitverzweigtes Straßennetz an und überspannten Flüsse sowie Bäche mit steinernen Brücken, wovon allein in der Umgebung von Nafplion gleich vier Exemplare zu sehen sind.

20 ARKADIKO – MYKENISCHE BRÜCKENBAUKUNST

Die Umgebung des heutigen Dorfes Arkadiko bildete offenbar bereits im 2. Jt. v. Chr. einen wichtigen Verkehrsknotenpunkt und ist es bis heute geblieben. So liegt seitlich der modernen Straße zwischen Arkadiko und Gianouleka ein eingefallenes mykenisches Kuppelgrab als erstes Zeugnis dieser Bedeutung in der späten Bronzezeit. Bedeutender sind jedoch die vier Brücken von Arkadiko (auch Mykenische Brücken von Kazarma genannt). Sie sind alle über die alte Nationalstraße 70 zwischen Nafplion und Lygourio beim Dorf Arkadiko und seinem Ortsteil Agios Ioannis zu erreichen. In mykenischer Zeit gehörten sie zu einer Straße, die wichtige mykenische Zentren mit dem Hafen von Palea Epidavros verband. Die Brücken dürften gegen 1300 v. Chr. errichtet worden sein und bestehen aus kyklopischem Mauerwerk (siehe oben unter 13).

Abb. 53 Kazarma-Brücke von Osten

Abb. 54 Petrogefyri-Brücke

Die sog. Kazarma- oder Arkadiko-Brücke befindet sich 140 m westlich von Agios Ioannis und überspannte ein Bachbett (Abb. 53). Ihre Länge wird mit 11,5 m und ihre Höhe mit 4 m angegeben. Das Petrogefyri (Steinbrücke) genannte Exemplar (Abb. 54) liegt 1 km westlich der zuerst genannten Brücke (Hinweisschild an der Straße von Lygourio nach Nafplion). 500 m westlich von ihr lässt sich ein gut erhaltener Teil der ehemals zugehörigen Straße erkennen. Sie ist zwar etwas länger (14,5 m), aber nahezu gleich hoch wie die Kazarma-/Arkadiko-Brücke und besitzt einen Kragbogen. Eine weitere Brücke kann am nördlichen Ortsrand von Arkadiko besichtigt werden (ebenfalls Hinweisschild von der Straße aus), die allerdings nicht so gut erhalten blieb, und zwischen Agios Ioannis und Arkadiko 300 m nördlich der Friedhofskirche Agios Ioannis ein letztes Beispiel.

Unweit von Arkadiko wartet eine antike Festung auf Besucher. Schon Altertumsforscher des 19. Jhs., zu denen ein damals prominenter Prinzenerzieher des preussischen Königshofes gehörte, kamen hierher und konnten noch so manches in Augenschein nehmen, was heute verschwunden ist. Einige Teile der ehemals mächtigen Mauern haben jedoch die Zeiten überdauert. In der Nähe gibt es zudem Reste eines mykenischen Kuppelgrabes zu entdecken.

21 KAZARMA – DEN FEIND IM BLICK

Von Agios Ioannis ist es nicht weit bis hierher. Nur 400 m trennen in nördlicher Richtung den Ortsteil von Arakdiko von diesem 280 m hohen Hügel. Ob es sich hierbei um das antike Lessa handelt, für das Pausanias einen Tempel der Athena sowie ein hölzernes Kultbild erwähnt (2, 25, 10–26, 1), bleibt umstritten. Nicht auszudenken, was passiert wäre, wenn der berühmte Lehrer des späteren deutschen Kaisers Friedrich (reg. 1888; Vater Wilhelms II.) Ernst Curtius (1814–1896) bei seinem Besuch hier im Jahr 1850 zu Schaden gekommen wäre. Nie hätte er die Möglichkeit gehabt, das preußische Herrscherhaus von der Notwendigkeit der archäologischen Erforschung Olympias zu überzeugen, sodass die Peloponnes vielleicht um eine Hauptattraktion ärmer wäre. Curtius wurde für die Mühen des Aufstieges jedenfalls belohnt. Es geschah kein Unglück und er konnte noch die Ruinen eines heute nicht mehr erkennbaren Tempels und einer Wasserleitung sehen. Das Festungsareal misst insgesamt nur etwa 3.500 m² (Abb. 55). Seine nordsüdliche Ausdehnung beträgt ca. 70 m und die ostwestliche ca. 80 m. An zwei Seiten (Osten und Süden) schützte eine gut 2,5 m dicke Mauer den gesamten Bereich. Sie blieb bis zur einer Höhe von 5,2 m erhalten. Vier Rundtürme verstärkten die Anlage. Da das Gelände im Nordwesten sehr steil ist, stand hier nur eine recht dünne Polygonalmauer, die aus dem 5. oder 4. Jh. v. Chr. stammen könnte. In die Festung hinein gelangte man über zwei Zugänge, ein Osttor und im Südwesten das Haupttor (2,4 m hoch und 0,9 m breit; dreieckiger Torbogen), zu dem von Osten entlang der Südmauer eine Rampe führte. Im Innern der Festung legte man eine Zisterne (?) an, die aus massiven Kyklopenmauern und einem Dach aus Kragsteingewölbe besteht. In der mittelbyzantinischen Zeit (650–1204) scheint die Anlage nachgenutzt worden zu sein. Die Franken bauten den Ostturm in rechteckiger Form wieder auf. Die Türken eroberten die Festung gegen 1460. Danach scheint sie verlassen und

Abb. 55 Kazarma, Blick von der Akropolis

nicht weiter genutzt worden zu sein. Am südlichen Hang deuten Spuren auf die Existenz einer kleinen Siedlung hin.

Die Gegend von Kazarma ist bereits in mykenischer Zeit besiedelt gewesen. Als Beleg hierfür kann das gleichnamige Tholosgrab angeführt werden. Es befindet sich ebenfalls auf dem Gebiet von Agios Ioannis 300 m südlich der Festung und 8 m nördlich der Straße. Zur Grabkammer führte ein gut 5 m langer und 2,5 m breiter Gang (gr. *dromos*), hinter dem ein Eingangskorridor (gr. *stomion*) direkt anschloss (2,5 m lang und 1,5 m breit). Von Dromos und Stomion blieben nur die Grundmauern erhalten, von der überwölbten Grabkammer dagegen im hinteren Bereich Wandteile bis zu einer Höhe von 4 der ehemals 7 m. Der Durchmesser der Kuppel (unten große, oben kleinere Steine) muss 7,2 m betragen haben. In den Boden waren drei ehemals von Steinplatten abgedeckte Grabschächte eingetieft. Sie bargen die Bestattungen einer Frau und zweier Männer. Sie sind in der Zeit von 1500 bis 1450 v. Chr. beerdigt worden und gehörten sicherlich zur mykenischen Elite, die hier eine wichtige Straßenverbindung der Argolis kontrollierten. Als Grabbeigaben haben sie sehr qualitätvolle Keramik im sog. Palaststil, Schmuck und Bronzewaffen erhalten (Funde im Museum von Nafplion). Das Tholosgrab ist über einen sehr langen Zeitraum von gut 250 Jahren genutzt worden. Die jüngsten nachgewiesenen Bestattungen können an den Anfang des 12. Jhs. v. Chr. datiert werden.

Wie wichtig das gesamte umliegende Gebiet im Altertum gewesen sein muss, zeigt der Umstand, dass sich die Festungen hier geradezu ballten. Die Straße, die es zu überwachen galt, stellte offenbar eine bedeutende Verbindung von der einen zur anderen Seite der Argolis dar. Wie die antiken Namen der Burgen lauteten, ist freilich umstritten.

22 KASTRAKI – ABERMALS DAS ANTIKE LESSA?

Die kleine Burg (gr. *kastraki*) wurde südlich des Arachneo-Gebirges knapp 1 km nordwestlich von Arkadiko auf dem nördlichen Ende eines langgestreckten Hügels in etwa 380 m Höhe angelegt. Die Entfernung zur Festung von Kazarma beträgt lediglich 2,5 km in südwestlicher Richtung. Das Areal ist mit etwa 3.000 m² noch kleiner als das von Kazarma. Auch weist es nur eine Länge von 70 m und eine Breite von 50 m auf. Die Festung hatte einst einen nahezu fünfeckigen Grundriss. Sie war von einer 2,5 m dicken Mauer umgeben, von der im Süden noch 3 bis 4 m hohe Teilstücke stehen. Als Ernst Curtius um 1850 hierherkam, stieß er noch an jeder Ecke auf einen Turm. Laut seinen Aufzeichnung wiesen vier eine runde und einer eine rechteckige Form auf. Auch sah er noch Ruinen einer antiken (?) Siedlung. Heute sind nurmehr zwei Türme im Süden zu erkennen, die einen Durchmesser von 8 m haben. Das polygonale Mauerwerk dürfte wie in Kazarma im Lauf des 5. oder 4. Jhs. v. Chr. entstanden sein (Abb. 56). Eine südlich sichtbare runde Tenne mit einem Durchmesser von etwa 15 m könnte zur nachantiken Besiedlung gehört haben, die erst im 20. Jh. endgültig aufgegeben wurde. Kastraki gilt manchen Altertumsforschern als das antike Lessa. Doch gibt es für diese These keine wirklichen Beweise.

Abb. 56 Polygonale Südmauer von Kastraki

Auch bei diesem Beispiel dürfte es sich um den Rest des Sockels eines antiken Wachturms handeln, der zusätzlich zu den Festungen den Weg nach Epidauros sichern sollte. Die Kirchen des Ortes bewahren in ihren Mauern so manches antike Bauglied. Vielleicht stand hier einst ein altehrwürdiger Tempel für die Göttin Athena.

23 LIGOURIO – EINE ZWEITE PYRAMIDE IN DER ARGOLIS

Nördlich des Ortes Ligourio konnten am Hang unterhalb des Friedhofes antike Mauerreste entdeckt werden, die ebenfalls als Kandidaten für die Standortfrage des antiken Lessa gehandelt werden. Dort gefundene protogeometrische Gefäßscherben zeigen, dass der Ort seit dem 10. Jh. v. Chr. besiedelt war. Teile des polygonalen Mauerwerks scheinen dagegen erst aus der archaischen Epoche zu stammen. Weitere Keramikfragmente gehören in das 5. und 4. Jh. v. Chr. Nordwestlich bei der 1703 erbauten Kirche Agia Marina könnte ein antikes Heiligtum gestanden haben. Ob es der von Pausanias (2, 25, 10) erwähnte Tempel der Athena von Lessa ist, kann nicht zweifelsfrei gesagt werden. Die Kuppel der Kirche wird jedenfalls von vier antiken Marmorsäulen gestützt (drei mit glatten Schäften und ionischen Kapitellen und eine kannelierte Säule mit eckigem Kapitell), die sicherlich nicht von allzu weit weg hierhergebracht worden sind. Außerdem besteht die mitten im Ort 1701 errichtete Kirche Kimisis tis Theotokotou aus vielen antiken Spolien, die v. a. an den Außenwänden gut sichtbar sind.

Die sog. Pyramide von Ligourio ist 200 m nordwestlich des gleichnamigen Ortes zu finden (Abb. 57). Sie ist mit ihren maximal zwei Steinlagen aus größeren Kalksteinblöcken schlechter als das vergleichbare Bauwerk in Kefalari (18) erhalten. Die Seitenlängen des rechteckigen Grundrisses weisen unterschiedliche Maße auf (Norden: ca. 14 m; Osten: ca. 12,75 m; Süden: ca. 12 m; Westen: ca. 12,5 m). Im Osten lag der etwas mehr als 1 m breite, in der Antike nicht zu verschließende Eingang, der in einen nach rechts abknickenden 2,6 m langen und 1 m breiten Korridor führte. Erst durch diesen gelangte man zum eigentlichen Eingang, der eine Tür besaß. Der Innenraum war durch zwei Quermauern in insgesamt vier Bereiche geteilt. An der Außenwand lief auf allen Seiten eine Steinbank um. In römischer Zeit (augusteische Epoche?) wurde der gesamte äußere Bereich mit Ziegelsteinen verkleidet. Ferner gehören zur Anlage ein eingetieftes Becken, ein Brunnenschacht und in den Boden vergrabene große tönerne Vorratsgefäße. Die am Ort gefundenen Scherben stammen aus dem 5. und 4. Jh. v. Chr. Eine in Epidauros geprägte

Abb. 57 Pyramide von Ligourio

Münze gehört ins späteste 4. Jh. v. Chr. Daraus wird eine Entstehungszeit des Baus am Ende des 4. Jhs. v. Chr. vermutet. Die Ziegel deuten auf eine frühkaiserzeitliche Restaurierung hin. Endgültig zerstört wurde das Gebäude in der Spätantike (4./5. Jh. n. Chr.). Ähnlich wie in Kefalari dürfte es sich bei dem Erhaltenen um den Sockel eines Turms handeln, der den Weg ins nicht sehr weit (3,5 km) entfernte Epidauros bewachte. Für die gelegentlich geäußerte Vermutung, es könne sich bei der Ruine um die Reste eines vom kaiserzeitlichen Reiseschriftsteller Pausanias erwähnten und sogar ein wenig detaillierter beschriebenen Gebäudes handeln, von dem er ausdrücklich sagt, es habe die Form einer Pyramide, außen seien Schilde des argolischen Typs angebracht und innen lägen die im Kampf zwischen Proitos und Akrisios gefallenen Krieger beider Seiten bestattet (2, 25, 7), lassen sich keinerlei Beweise erbringen.

Wem in der Argolis der Kopf zu sehr vom Besuch der vielen mykenischen Fundplätze und klassischen Festungsanlagen brummt, dem kann sicherlich im Heiligen Bezirk des Asklepios geholfen werden. Er müsste sich dazu nur hinlegen und schlafen. Der Heilgott erschiene ihm dann im Traum und teilte höchstpersönlich mit, was der Leidende zu tun bzw. zu unterlassen habe. So stellten sich jedenfalls die antiken Menschen den Heilungsprozess vor.

24 EPIDAUROS – DIE ERSTE KURKLINIK AUF EUROPÄISCHEM BODEN

ARGOLIS

Das weltberühmte Asklepieion, einer der Höhepunkte jeder Peloponnesreise, liegt am Ende eines von Zitronenbäumen bewachsenen weiten Tals. Die Stelle ist nicht zu verwechseln mit der des antiken Ortes Epidauros, der sich 10 km weiter nördlich direkt am Meer befand. Er ist nahezu komplett vom modernen Hafenstädtchen Palea Epidavros überbaut.

Dort, wo v. a. seit spätklassischer Zeit der Kult des Asklepios immer stärker zu florieren begann, gab es auf der Spitze eines die Ebene überragenden Hügels schon im 8. Jh. v. Chr. einen älteren Kult für den heilkundigen Heros Maleatas, der später durch Apollon verdrängt wurde, der seinen Namen als Beinamen übernahm (Apollon Maleatas). Ihn selbst überflügelte wiederum sein ebenfalls heilkundiger Sohn Asklepios, der hier mit seiner Tochter oder nach einer anderen Mythentradition seiner Ehefrau Hygieia insbesondere ab dem Ende des 5. Jhs. v. Chr. immer

größere Gruppen von Heilung suchenden Gläubigen anzog. Das Asklepieon wurde bald international frequentiert und avancierte zum Mutterheiligtum von mehr als 200 Asklepieia in der gesamten griechisch-römischen Welt. Selbst die Römer schickten 293 v. Chr. wegen einer schweren Seuche ihre Gesandten hierher und baten den Gott darum, ihnen nach Rom zu folgen, was er angeblich in Gestalt einer der heiligen Schlangen tat, die flugs an Bord des im Hafen bereitgestellten römischen Schiffes schlüpfte. Auf dem Tiber schließlich soll sie ins Wasser gesprungen und bei der dortigen Insel an Land gegangen sein, wo bald darauf das erste Heiligtum des Asklepios im Machtbereich der Römer errichtet wurde. Diese Tradition ist bis heute nicht abgerissen. Noch immer steht in Rom auf der Tiberinsel ein Krankenhaus.

Da man in der Antike die tatsächlichen medizinisch-klinischen Ursachen für viele Krankheiten nicht wirklich kannte, setzte man bei der Heilung v. a. auf eine Kombination aus psychosomatischen und einfachen physischen Anwendungen wie Heilbäder, Trinkkuren und spezielle Diäten. Eine große Rolle spielten dabei der Heilschlaf und die Traumdeutung. Auch wenn durchaus kleinere Operationen und Wundbehandlungen durchgeführt wurden, versuchten die Priester des Asklepios bei den einzelnen Patienten doch v. a. den Selbstheilungsprozess zu stimulieren. Sterbende und insbesondere auch Schwangere durften erst gar nicht ins Heiligtum gelangen. Hier war die Gefahr viel zu groß, dass die letztlich zu geringe Macht des angeblich so mächtigen Asklepios allzu offenkundig wurde.

Der Besichtigungsrundgang beginnt nach einem kürzeren Weg, der hinter dem Eingangsbereich mit dem Kassenhäuschen (davor ein großer Parkplatz für die Unmengen von Bussen und Autos, die in der Hochsaison hier in kurzen Abständen vorfahren) zu einem kleinen Plätzchen vor

Abb. 58 Theater von Epidauros

dem Museum führt, das man zunächst buchstäblich links liegen lassen sollte. Stattdessen geht es rechts auf einen kleinen Hügel hinauf, wo einen das grandiose Theater empfängt (Abb. 58). Dass es das besterhaltene in ganz Griechenland ist, dürfte sattsam bekannt sein. Noch heute finden hier in den Sommermonaten gut besuchte Aufführungen meist antiker Dramen statt. Schon Pausanias bezeichnete es als sehr sehenswert (2, 27, 5). Er nennt als Architekt einen Polyklet, der auch den Rundbau errichtet habe. Das Theater wurde um 300 v. Chr. erbaut. Es blieb bis auf das Bühnenhaus nahezu komplett erhalten. Sein architektonisches Vorbild war offenbar das sog. Dionysos-Theater am Südabhang der Athener Akropolis. In der ersten Bauphase gab es nur 34 Sitzreihen für 6.500 Zuschauer, in der zweiten um 200 v. Chr. dann schon 55 für 12.300 Personen. Unterteilt ist das Zuschauerrund in 22 Abschnitte. Die unterste Sitzreihe (Prohedrie) ist den Ehrensitzen vorbehalten und besitzt daher eine Rückenlehne. Hier saßen die Priester und weitere Personen, die dieses Ehrenrecht erhalten hatten. Auf der Fläche der Orchestra (Durchmesser von 20 m) ist in der Mitte zu erkennen, dass hier früher ein Altar stand. Um 300 v. Chr. war die Orchestra noch die alleinige Spielstätte. Später fand dort nur noch der Chor Aufstellung, während die eigentlichen Schauspieler ab hellenistischer Zeit vor dem später hinzugefügten, Skené genannten Bühnengebäude bzw. in dessen vorgeblendeter Säulenstellung agierten. Vom Skenengebäude, das vielleicht zweigeschossig gewesen ist, blieb nur wenig erhalten. Für diesen Verlust entschädigen die beiden prachtvollen zweitürigen Zugangsbereiche, die zwischen Skene und den Analemmata (Sg. Analemma) genannten Seitenwänden des Theaters eingefügt sind. Diese sog. Parodoi sind Tore, von denen jeweils die größere Tür zur Orchestra und die kleinere hingegen über eine Rampe auf die Plattform des Bühnengebäudes mit der kleinen Säulenhalle (Portikus) darauf führte. Das Theater hat in der Antike nicht nur der Aufführung antiker Tragödien, Komödien und anderer Spielarten gedient, die in Athen ursprünglich nur anlässlich wichtiger Kultfeiern für den Gott Dionysos veranstaltet worden sind, sondern bot darüber hinaus zahlreichen Zuschauern bei heiligen Handlungen wie Opfern, Tänzen, Gesängen etc. genügend Platz.

Das eigentliche Asklepieion erstreckt sich in der Ebene unterhalb des Theaters (Abb. 59). Pausanias beschreibt es nicht sehr ausführlich (2, 27, 1–28, 8). Das Heiligtum des Apollon Maleatas liegt dagegen weiter östlich in 500 m Entfernung, ist in der Regel aber nicht zugänglich. Man steigt den Hügel wieder hinab, lässt das Museum abermals links liegen und erreicht dann als erstes einen großen quadratischen Gebäudekomplex aus insgesamt vier Peristylhöfen mit angrenzenden Räumen, der wohl zweistöckig war und im 4. Jh. v. Chr. errichtet worden ist (nicht auf Abb. 59). Er wird als sog. Katagogion, d. h. als Gästehaus, mit etwa

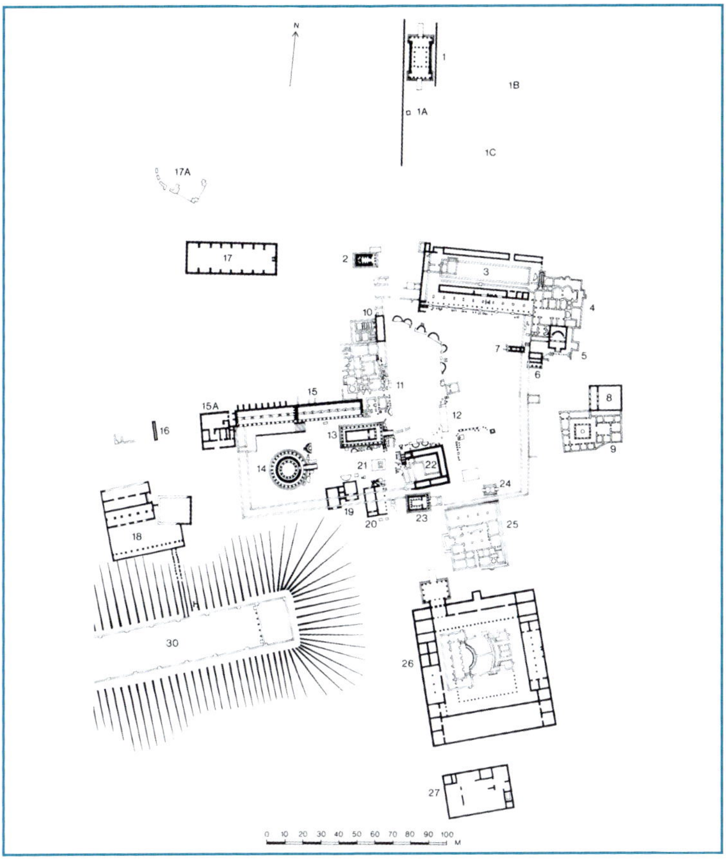

Abb. 59 Plan von Epidauros

160 Zimmern interpretiert. In westlicher Richtung kommen als nächstes die Reste einer hellenistischen Badeanlage (Abb. 59 Nr. 27) in den Blick (kenntlich an den Steinzubern und einigen Wasserrinnen). Es folgt unmittelbar nördlich ein ebenfalls hellenistisch zu datierendes Gymnasion mit Propylon im Norden (Torgebäude ist teilrekonstruiert; vgl. Frontispiz), auf dessen Hof man in römischer Zeit ein noch in seinen Fundamenten erkennbares gedecktes kleines Theater (gr. *odeion*) einbaute (Abb. 59 Nr. 28). Wiederum nördlich schließt sich ein größeres Areal mit zahlreichen Bauresten an, darunter mindestens ein Tempel (Abb. 59 Nr. 19–25). Erst jetzt wird der eigentliche Haupttempel des Asklepios erreicht (Abb. 59 Nr. 13). Von diesem um 380 v. Chr. errichteten dorischen Ringhallentempel mit nur 6 x 11 Säulen blieb gleichfalls kaum etwas übrig. In der Cella standen vor den Wänden Säulen und im Raum selbst das kostbare, aus Gold und Elfenbein gefertigte Kultbild des Gottes. Pausanias (2, 27, 2) sagt, es sei nur halb so groß wie der Zeus in Olympia, aus Gold und Elfenbein gemacht und eine Inschrift nenne Thrasymedes von Paros, Sohn

des Arignotos, als Künstler. Asklepios sitze, einen Stab haltend auf einem Thron. Die andere Hand ruhe auf dem Kopf einer Schlange und neben ihm liege ein Hund. Am Thron seien schließlich Taten argivischer Heroen dargestellt (Bellerophons Kampf mit der Chimaira und Perseus, wie er der Medousa den Kopf abschlage).

Im Gewirr der auf dem Gelände dicht an dicht liegenden Trümmern und Fundamentmauern sticht das neben dem Theater berühmteste Bauwerk in Epidauros allein seiner Form wegen ins Auge. Es ist aktuell zum Teil noch eingerüstet, weil weitere Säulen und Wandteile aufgerichtet werden sollen. Der Rundbau wurde in der Antike Thymele (= Stätte für Blutopfer) genannt (Abb. 59 Nr. 14). Diese Tholos, wie der Fachbegriff ebenfalls lautet und Pausanias sie nennt, hat im Untergeschoss ein eigenartiges Gangsystem, das durch konzentrische Mauerkreise mit kleinen Durchlässen gebildet wird. Wozu es diente, bleibt trotz zahlreicher Vorschläge (Wohnort der heiligen Schlangen, kultisches Labyrinth für Opferzeremonien, symbolische Grabstätte des Asklepios etc.) ein Rätsel. Die äußere Säulenstellung bestand ursprünglich aus 26 Stützen mit dorischen Kapitellen. Im Innern waren es Säulen mit korinthischen Kapitellen. Der Marmorfußboden besitzt einen Rhombendekor. In der Mitte des Bodens befindet sich der Zugang zum Untergeschoss. Die Decke muss mit prachtvollen steinernen Kassetten geschmückt gewesen sein, in deren Feldern feine ebenfalls steinerne Blüten saßen (Exemplare im Museum). Für das Innere überliefert Pausanias ein Gemälde des Pausias, das einen Eros zeige, der Pfeil und Bogen niederlegt habe und dafür eine Leier halte. Zudem sei auf einem anderen Bild des Künstlers die Personifikation der Trunkenheit (Methe) gemalt. Sie trinke aus einer Glasschale und man sähe durch diese hindurch das Gesicht der Frau (2, 27, 3).

Fertig restauriert ist die Liegehalle (gr. *enkoimiaterion*) für den Heilschlaf der Kranken (Abb. 59 Nr. 15). In diese waren im Altertum inschriftliche Berichte und bildliche Darstellungen wundertätiger Heilungen eingelassen. Solche ‚Propaganda-Stelen' waren über das ganze Heiligtum verteilt. Dies hält auch Pausanias für erwähnenswert (2, 27, 2–3). Zusätzlich standen auf dem weiten Platz davor unzählige Basen und halbkreisförmige Sitzbänke mit breiten Rückenteilen, auf denen einst allesamt Statuen von Stiftern oder Personen, die man ehren wollte, eingelassen waren. Die weiteren angrenzenden Gebäude sind allenfalls noch im Grundriss einigermaßen zu erkennen. Im Einzelnen handelt es sich dabei um ein Gebäude mit einem von Säulen umstandenen Hof (gr. *peristyl*) unbekannter Funktion, eine römische Thermenanlage und eine Halle (gr. *stoa*). Ganz im Norden des Heiligtums lag ein monumentales, im 4. Jh. v. Chr. errichtetes Torgebäude (gr. *propylon*), an dem die von der Hafenstadt Epidauros, wo die meisten Heilsuchenden per Schiff ankamen, hierherführende Straße endete (Abb. 59 Nr. 1). Die östlich davon zu sehenden Baureste gehören zu einer frühchristlichen Basilika aus dem 5. Jh. mit seitlichem Baptisterium. Geht man wieder Richtung Eingang bzw. Ausgang zurück, um abschließend das Museum zu besuchen, erkennt man weiter unterhalb von Tholos und Enkoimiaterion in einer Senke (Abb. 60) ein recht gut erhaltenes Stadion mit Startvorrichtung (vgl. Abb. 59 Nr. 30).

Im Museum von Epidauros sind v. a. Architekturglieder und Teile des Skulpturenschmucks der Gebäude ausgestellt. Davon hervorzuheben sind die teils von bemaltem Stuck überzogenen pflanzlichen und figürlichen Reliefdekorationen der Bauten des 4. Jhs. v. Chr. wie die Traufleiste des Asklepios-Tempels (die gesamte Gebälkzone des Tempels ist im Museum aufgebaut), die Hunde- und Eberkopfwasserspeier vom Tempel der Artemis, Teile der Giebel- und Akroterfiguren des Asklepios-Tempels (nur wenige im Original, die meisten sind Gipsabgüsse der ins Athener Nationalmuseum verbrachten Originale) und die Schmuckglieder der Tholos (Metopen mit Opferschalen, raffinierte Ranken und Palmetten der Traufleiste des Tempels und die sehr schöne Kassettendecke). Dazu gibt es die bereits erwähnten Inschriften- und Bildstelen mit den Krankheitsgeschichten antiker Menschen, ärztliches Besteck sowie zahlreiche Votivfiguren (darunter mehrfach Asklepios und Hygieia) zu sehen.

Die Umgebung des Heiligtums von Epidauros bietet nur wenig Spektakuläres. In Moni Agnountos sind in der Front des einschiffigen Katholikons einige klassische Marmortraufleisten mit Löwenkopfwasserspeiern und Rankenverzierung wiederverwendet worden, die von einem der Tempelbauten im Asklepeion stammen dürften. Von der zum Heiligtum gehörenden Hafensiedlung können in Palea Epidavros ein relativ ansehnlich erhaltenes Theater mit Ehrensitzen sowie jenseits des einstigen Akropolishügels im flachen Wasser Mauerreste betrachtet werden.

Abb. 60 Stadion von Epidauros

LAKONIEN – HIER GING ES NICHT NUR SPARTANISCH ZU

Die aktuellen Verwaltungsgrenzen Lakoniens, das heute die gesamte südöstliche Peloponnes umfasst, entsprechen nicht den antiken. Als Kernland kann das fruchtbare Evrotas-Becken bezeichnet werden. Der Taygetos ist die beherrschende Bergkette. Archäologisch gesehen war Lakonien schon in der mykenischen Epoche ein wichtiges kulturelles Zentrum. Der griechische Mythos hat die Erinnerung an diese Zeit in der Gestalt des homerischen Menelaos, Agamemnons Bruder, bewahrt, der in Sparta geherrscht haben soll. Die historischen Spartaner verstanden sich freilich als Nachkommen späterer dorischer Einwanderer, die erst im frühen 1. Jt. v. Chr. hierherkamen. Sie nannten das Gebiet nach Lakedaimon, einem Sohn des Zeus und der Bergnymphe Taygete, Lakedaimonien (Apollodor, Bibliotheke 2, 26; 3, 116).

Die Geschichte Lakoniens wird überschattet von der Spartas. Die offizielle von einem Doppelkönigtum regierte Stadt galt als Kriegerstaat schlechthin und entwickelte sich seit archaischer Zeit in Griechenland zu einer gefürchteten Militärmacht. Ihr Konflikt mit Athen hat nahezu das gesamte 5. Jh. v. Chr. dominiert. Nachdem sich die Athener im Jahr 404 v. Chr. endgültig geschlagen geben mussten, konnten die Spartaner mithilfe des Peloponnesischen Bundes ihre Vorherrschaft weiter ausbauen. Mit den anderen griechischen Stadtstaaten mussten sie sich aber am Ende der Klassik und dem Beginn der neuen Epoche des Hellenismus den makedonisch geprägten Nachfolgereichen Alexanders des Großen beugen. Lakonien verlor nicht nur seine Könige und wurde fortan teils von Tyrannen beherrscht, sondern geriet obendrein in den Windschatten der wirklich Mächtigen. Daran änderten auch die Römer nichts. In spätbyzantinischer Zeit beherbergte Lakonien dagegen mit Mistras die Hauptstadt einer mächtigen Sekundogenitur des Kaiserhauses in Konstantinopel, dem sog. Despotat von Morea. Landschaftlich reizvoll ist insbesondere der mittlere Finger der Peloponnes, die zu Lakonien gehörende Mani.

Von der einstigen Militärmacht blieben vergleichsweise nur wenige Ruinen der Nachwelt erhalten. Bereits Thukydides spekulierte im späten 5. Jh. v. Chr. darüber, was das für den Nachruhm Spartas bedeuten könnte. In der Stadt gab es ein Heiligtum, in dem ein ausgesprochen blutiger Ritus stattfand. Für die dürftigen Reste vor Ort entschädigt ein Museum.

25 SPARTA – WO EINST DIE PEITSCHEN KNALLTEN

LAKONIEN

Links: Hügel Karyopolis in Lakonien

Das heutige Sparti, die Hauptstadt der Provinz Lakonien, wurde erst 1834 per Dekret König Ottos gegründet. Das bescherte der neuen Stadt eine Planung auf dem Reißbrett, deren trapezförmige Straßenführung den Reisenden noch heute die Orientierung erleichtert. Die nicht zu verfehlende breite Hauptstraße, die zugleich Spartas Mittelachse bildet, heißt Leoforos Konstantinou Paleologou.

Das antike Sparta ist der mythischen Überlieferung nach eine Gründung Lakedaimons, der die neue Siedlung nach seiner Gattin Sparté, der Tochter des Eurotas, benannt haben soll. Sparta besaß bis in hellenistischer Zeit keine durchgehenden Befestigungsmauern, so sehr vertraute man auf die Schlagkraft der eigenen Armee. Erst der Tyrann Nabis (reg. 207–192 v. Chr.) begann mit deren Errichtung. Sie ist jedoch bald darauf zerstört worden. Die Römer stellten sie wieder her (abermals in frühbyzantinischer Zeit). Von den einzelnen, aus antiken Schriftquellen bekannten Quartieren (Komen) wird Pitana im Nordosten als das schönste genannt. Hier befand sich auch die Agora mit den Versammlungsgebäuden der Gerousia (Ältestenrat) und der fünf Ephoren (Aufsichtsbeamte) sowie die von der persischen Beute erbaute sog. Persische Halle und in römischer Zeit das große Marmortheater. Im Gegensatz zu Athen hatte Sparta keine burgähnliche Akropolis. Als ihre Akropolis bezeichneten die Spartaner einen Hügel, auf dessen Spitze der Tempel der Athena Chalkioikos, der Stadtgottheit Spartas, stand. Der Beiname der Göttin, der in Übersetzung etwa die vom Kupfer- bzw. Bronzehaus lautet, könnte darauf hindeuten, dass ein älteres Tempelgebäude ursprünglich mit Bronzeblechen verkleidet war (siehe 34 Olympia). Pausanias nennt in seiner langen Beschreibung (3, 11, 2–18, 5) für Sparta zahlreiche andere öffentliche Gebäude, Heiligtümer und Monumente. Das heute Sichtbare ist allerdings eher dürftig zu nennen. Bereits der Historiker Thukydides beklagte den baulichen Zustand Spartas. Berühmt ist sein Vergleich mit Athen (1, 10). Die späteren Menschen könnten angesichts der künftigen Ruinen beider Städte kaum das wahre Ausmaß der jeweiligen Machtver-

hältnisse einschätzen. Athen erschiene ihnen gewiss zu großartig und Sparta ebenso gewiss zu unbedeutend.
Zur Besichtigung der wenigen Überreste fährt man auf der Leoforos Konstantinou Paleologou bis zu einem modernen Denkmal des Spartanerkönigs Leonidas, das vor einem modernen Sportplatz steht, unter dem die antike Agora vermutet wird. Vom Denkmal aus gesehen führt in der Nähe rechts ein Weg hinauf auf einen recht flachen Hügel, der als Akropolis Spartas gilt. Dabei geht man zunächst an einer byzantinischen Mauer vorbei. Die herumliegenden dorischen und ionischen Bauglieder stammen von einer römischen Säulenhalle (Stoa). Weiter oben am Hang lag ein hellenistischer Rundbau, von dem nur eine Hälfte (drei Stufen und darauf steinere Platten) erhalten ist. Seine Funktion bleibt unklar (Altar, Leergrab in Form eines Grabhügels für einen mythischen Heros, Rundtempel, Tanzplatz). Vom einstigen Athena-Heiligtum blieben keine Reste übrig. Die dort zu sehenden Mauern sind römisch und byzantinisch zu datieren. Besser erkennbar sind die Fundamente der dreischiffigen Nikon-Basilika und v. a. am Abhang der Akropolis das Theater aus der frühen Kaiserzeit mit einigen Reihen steinerner Sitzstufen und Teilen des einstigen Bühnengebäudes mit Einlassspuren von Schiebevorrichtungen für Bühnenbilder (Abb. 61). Daneben liegen nordwestlich und südöstlich Ruinen römischer Bäder. Ferner gibt es auf der Akropolis die Reste eines Tors und der Stadtmauer zu sehen.
Im Stadtgelände befinden sich an der Odos Thermopylon die teilweise wieder aufgebauten Quadermauern eines kleinen Tempels; und im Nordosten des Stadtzentrums an der Ausfallstraße nach Tripoli sind am Ufer des Eurotas einige Überreste des berühmten Heiligtums der Artemis Orthia zu sehen, in dem alljährlich zur vermeintlichen Ehre der Göttin das berühmte Geißelungsritual stattfand (Pausanias 3, 16, 9–11). Die Priesterin hielt dabei das hölzerne Kultbild und behauptete, wenn die Peitschenden aus welchen Gründen auch immer nicht fest genug zuschlugen, es würde ihr schwer, sie könne es kaum mehr tragen, und die Göttin sei foglich nicht zufrieden. Das ganze Initiationsritual für die jungen Männer (Epheben) Spartas diente ebenso wie manch andere der berüchtigten spartanischen Erziehungsmethoden dazu, die derart Gepeinigten für den Kampf abzuhärten und vor aller Augen deren Kriegstüchtigkeit zu demonstrieren. Die Spartaner behaupteten allerdings, wie Pausanias berichtet, ein Orakel habe, um ein älteres Sakrileg zu sühnen (man war beim Opfern am Altar in Streit geraten und hatte sich gegenseitig erschlagen), befohlen, an der Stelle menschliches Blut zu vergießen.
Das Heiligtum selbst bietet außer Trümmern den Besuchern wenig Anschauliches. Ein paar Steinsetzungen könnten die Stelle des Brandopferaltares markieren. Auf die Existenz eines Heiligen Bezirks bereits im

Abb. 61 Theater in Sparta

9. Jh. v. Chr. deuten frühgeometrische Scherben hin. Der Kult dürfte sich damals an einem Altar aus Erde abgespielt haben. Am Beginn des 8. Jh. v. Chr. erhielt das Areal eine lockere Bedeckung mit Steinen aus dem nahen Fluss und wahrscheinlich eine Begrenzungsmauer. In späterer Zeit gab es im Heiligtum auch einen oder mehrere Tempel (Phasen des 6. und 2. Jhs. v. Chr. sind nachgewiesen). Zudem wurde der Altar in Kalkstein neu hergerichtet. Zuletzt geschah dies im 3. Jh. n. Chr., als auch ein kleines Theater erbaut wurde, von dessen Rängen aus den Kultfeiern zugesehen werden konnte. Interessanter sind dagegen die zahlreichen Funde, die im Archäologischen Museum der Stadt aufbewahrt werden. Sie geben Aufschluss über das hiesige Kultgeschehen und insbesondere die Votivpraxis.

Das Museum liegt in einem schattigen Park neben der Leoforos Konstantinou Paleologou. Erbaut hat es der dänische Architekt Theophil Hansen in den Jahren 1875 und 1876, der auch in der Hauptstadt Athen einige sehenswerte klassizistische Gebäude errichtete. Die Vorhalle erinnert an den Nike-Tempel der Athener Akropolis. Unter den dort präsentierten Objekten ist die Skulptur eines vorwärtsstürmenden Kriegers aus der Zeit um 480 v. Chr. etwas bekannter, da sie fälschlicherweise als Darstellung des Leonidas interpretiert wurde. Zu sehen sind ferner weitere Bildhauerarbeiten aus Sparta und Umgebung, Tongefäße und -figuren sowie einige Architekturglieder (u. a. vom Amyklaion). Auf die im Heiligtum der Artemis Orthia gefundenen Objekte ist bereits hingewiesen worden. Eindrücklich sind insbesondere die tönernen Kultmasken, die eine expressive Mimik zeigen.

Nur wenige Kilometer von Sparta entfernt entdeckten Archäologen zahlreiche mykenische Baureste. Einen davon hielten bereits die Spartaner für den Palast des Menelaos und der schönen Helena. Sie richteten an der Stelle einen Heroenkult ein. Wie prachtvoll dort einst Gelage gefeiert wurden, zeigen wiederum zwei Beigaben aus einem Kuppelgrab in der Nähe. Hier wurde jedenfalls ganz kräftig gebechert!

26 MENELAION, PELLANA UND VAPHEIO – ES WURDE ORDENTLICH GEBECHERT

LAKONIEN

Etwas außerhalb von Sparta können noch Teile einer alten Brücke über den Eurotas an der heutigen Straße nach Argos und Tegea sowie v. a. die Ruinen des sog. Menelaions, des Heroons des Menelaos, besucht werden (Abb. 62). Auf dieses weisen an der Strecke nach Chrysafa Schilder hin. Über eine Seitenstraße und dann einen Feldweg ist das Ausgrabungsareal gut zu erreichen. Das Gelände scheint bereits im frühen 2. Jt. v. Chr. erstmals von Menschen genutzt worden zu sein. Bedeutender ist ein repräsentativer Gebäudekomplex, der in die Frühzeit der mykenischen Kultur datiert werden kann. Interessanterweise wurde daraus nicht wie andernorts ein größeres Palastzentrum. Gleichwohl blieb er bis zum Ende des 13. Jhs. v. Chr. in Benutzung und wurde erst damals zerstört. Von besonderem Interesse ist ferner, dass im 8. Jh. v. Chr. unmittelbar daneben an der Kante des Geländes zum Tal des Eurotas hin ein neuer Bezirk angelegt wurde. Diese Baumaßnahme ist im Kontext ähnlicher ‚Neunutzungen' bronzezeitlicher Ruinen in der Zeit der Dunklen Jahrhunderte zu sehen. Man betrachtete sie als Denkmäler mythischer Heroen und richtete daher in oder bei ihnen einen entsprechenden Kult ein. Die Spartaner gingen offenbar davon aus, dass hier der Palast des Menelaos gestanden habe. Bei diesem Heroon handelte es sich um einen schrittweise immer wieder erweiterten Altar, dessen heute sichtbaren Reste aus dem 5. Jh. v. Chr. sind. Da die spätesten Keramikfunde aus hellenistischer Zeit stammen, lässt sich vermuten, dass der Bezirk damals aufgegeben wurde.

Ein weiterer interessanter Ausgrabungsplatz liegt beim Dorf Pellana, ca. 20 bis 27 km nördlich von Sparta und 5 km westlich der Hauptstraße, die Sparta mit Tripolis verbindet. Auf einem Hügel konnten die Reste eines mykenischen Palastes sowie in 400 m Entfernung davon gleichzeitige Grabanlagen entdeckt werden. Der Ausgräber deutet das Gebäude wegen seiner Größe als eigentliche Residenz des Menelaos, und die erwähnten Gräber hält man folglich für die des Königs und seiner Gattin Helena.

Abb. 62 Menelaion

Abb. 63 Tholosgrab von Vapheio

Abb. 64 Einer der goldenen Becher aus dem Kuppelgrab von Vapheio; Athen, Nationalmusem

Etwa 8 km südlich von Sparta wurde bereits im 19. Jh. am rechten Ufer des Eurotas in Vapheio (Vaphio, Vafio) ein Kuppelgrab entdeckt (Abb. 63). Es besaß einen 29,5 m langen Gang. Der Durchmesser der überwölbten Grabkammer beträgt 10 m. Die erhaltenen bzw. wiederhergestellten Mauern sind knapp 1,8 m hoch. In den Boden des Kuppelraumes wurde ein Schacht eingetieft, der die eigentliche Bestattung barg. Aufgrund der im Grab gefundenen Keramik wird es in die Zeit von 1500 bis 1450 v. Chr. datiert. Es gab aber beileibe nicht nur tönerne Beigaben. Zusätzlich wurden 43 Siegel aus (Halb)edelsteinen, ferner Amethystperlen, weitere Objekte aus Gold, Silber, Bronze, Eisen, Blei, Bernstein und Kristall gefunden sowie insbesondere zwei einzigartige goldene Becher, die nach diesem Fundort in der Forschung als Vaphio-Becher bekannt sind (Abb. 64). Sie gelangten ins Athener Nationalmuseum. Die Siegelbilder weisen große Ähnlichkeiten mit gleichzeitigen Erzeugnissen der minoischen Kunst Kretas auf. Dies gilt ebenso für die beiden Prunkstücke, die goldenen Becher. Dargestellt ist hier sogar ein typisch minoisches Thema, das Einfangen von Stieren für möglicherweise kultische Zwecke (Stiersprungfresko im Palast von Knossos). Zu sehen sind zwei unterschiedliche Fangmethoden. Die Bilder des einen goldenen Bechers zeigen ein weibliches Tier, das den Stier anlockt und sich mit ihm paart, die des anderen die Stierjagd mittels Netzen. Es wird diskutiert, ob zwei unterschiedliche Künstler tätig waren, und ob die Stücke aus Kreta importiert (bzw. geraubt) oder in einheimischen mykenischen Werkstätten nach minoischen Vorbildern gearbeitet worden sind.

Hier kam der Sage nach der schöne Jüngling Hyakinthos durch einen verunglückten Diskuswurf des in ihn verliebten Apollon auf tragische Weise ums Leben. Der Gott wurde an diesem Ort in Gestalt eines riesigen, wie eine Säule wirkenden altertümlichen Kultbildes mit erhobener Lanze verehrt, um das herum man später einen nicht minder riesenhaften steinernen, reich verzierten Thron errichtete, dessen Rekonstruktion die Fantasie vieler Archäologengenerationen beflügelt hat.

27 AMYKLAI – EIN RIESENHAFTER THRON DES APOLLON

Etwa 5 km südlich von Sparta liegt am Ostufer des Eurotas das Heiligtum von Amyklai (Abb. 65). Vom Nordrand der modernen Siedlung Amikles führt eine beschilderte Allee hierher. Von Amikles aus ist über eine Seitenstraße zudem nach nur 1 km das Kuppelgrab von Vapheio (26) zu erreichen. Die Stadt wurde nach ihrem Gründer Amyklas, dem Sohn des Lakedaimon, benannt. Einer weiteren Legende nach war Amyklai die Residenz des mythischen Königs Tyndareos, der als Ehemann der Leda, die sich von Zeus in Schwanengestalt hatte begatten lassen, zum sterblichen (Stief)vater von Kastor und Polydeukes sowie der Helena, Phoibe und Klytaimnestra wurde. Deïphobos, ein lokaler Priesterkönig, entsühnte hier Herakles von dem im Wahnsinn verübten Mord an Iphitos. Der Ort scheint sowohl im 3. als auch im 2. Jt. v. Chr. besiedelt gewesen zu sein und war wohl ein mykenisches Zentrum. Der Hügel des späteren Heiligtums galt als Grab des Hyakinthos. Eine Legende erzählt, dass es den Einwohnern von Amyklai bei Todesstrafe verboten gewesen sei, von der permanenten Bedrohung durch das benachbarte Sparta zu sprechen. Daher rühre das geflügelte Wort vom ‚amyklaischen Schweigen', womit die kollektive Verdrängung einer Gefahr gemeint ist. Amyklai blieb, was durch Funde von Weihgeschenken und Münzen nahegelegt wird, bis in die Römerzeit ein viel besuchtes Kultzentrum. Die dortigen Bauten und Denkmäler sind erst in byzantinischer Zeit größtenteils beseitigt worden, als man auf dem Hügel eine Begräbnisstätte anlegte. Schon im 19. Jh. konnten bei den ersten Grabungen die jeweilige Lage der wesentlichen antiken Monumente identifiziert werden: der Thron des Apollon, das Grab des Hyakinthos, den Rundaltar mit Aufgang in Art einer Treppe und die Umfassungsmauer.

Grundlegend für jeden modernen Rekonstruktionsversuch des berühmten Thrones des Apollon ist dessen Beschreibung durch Pausanias (3, 18, 9–19, 2). Demnach stand in der Mitte die 13 bis 14 m hohe kolossale

Abb. 65 Amyklaion

Kultstatue des Gottes aus sehr alter Zeit. Es sei einer bronzenen Säule ähnlich sowie kunstlos gearbeitet, und Apollon habe einen Helm sowie ferner in der einen Hand einen Speer und in der anderen einen Bogen gehalten. Römische Münzen aus der Zeit der Kaiser Commodus (reg. 180–192 n. Chr.) und Gallienus (reg. 253–268 n. Chr.), die die Statue zeigen, vermitteln nur einen ungefähren Eindruck. Es dürfte sich um ein Standbild aus Holz gehandelt haben, das mit dünnen Bronzeblechen ummantelt war. Als Basis habe das Grab des Hyakinthos gedient. Ende des 6. Jhs. v. Chr. errichtete um das Ganze der aus Magenesia am Mäander (Kleinasien) stammende Künstler Bathykles eine mit Säulengängen, Reliefs und Darstellungen von Horen und Chariten geschmückte Architektur, die wohl wegen ihrer spezifischen Form in der Antike als Thron bezeichnet worden ist. Wie man sich dies genau vorzustellen hat, ist in der Forschung schon mehrfach Gegenstand unterschiedlichster Rekonstruktionsvorschläge geworden (Abb. 66). Vor Ort lassen sich diese mangels Resten kaum nachvollziehen. Die südlich von der auf der Spitze des Hügels stehenden Kirche im Gelände liegenden Mauerteile aus rechteckigen Porossteinen (untere Schichten) und dunklen Marmorblöcken (obere Schicht) gelten als Überbleibsel der Basis. Neuerdings hat man auf dem Ausgrabungsgelände einen kleinen Teil der zum Thron gehörigen

Architektur wiederaufgerichtet. Nach jüngster Archäologenmeinung zeigte das Monument sowohl dorische als auch ionische Gestaltungselemente. Zusätzlich gab es einen wohl kreisförmigen Altar (8 m Durchmesser und 4 m hoch). Freigelegt wurden ferner die Fundamente eines 22 x 8 x 6 m großen Gebäudes, das einen Grundriss in Form des griechischen Buchstabens Pi (ϖ) aufwies (das sog. Südgebäude). Seine gesamte Südseite fehlt. An der Westseite des Hügels entdeckten die Ausgräber vier große Räume, die aus dem 4. Jh. n. Chr. zu stammen scheinen. Im Norden, unmittelbar östlich des Eingangs zum Heiligtum, liegen weitere Gebäudefundamente aus der Zeit des 5. und 6. Jhs. n. Chr. Wenige Reste der Umfassungsmauern des Heiligtums sind an der Süd- und Ostseite spätgeometrisch (8. Jh. v. Chr.) oder früharchaisch (7. Jh. v. Chr.) zu datieren. Besser bekannt ist die archaische Mauer aus dem 6. Jh. v. Chr. Sie besaß einen Eingang im nordwestlichen Bereich, war aus lokalem Stein erbaut und dürfte 116 m lang, 2 m hoch und 2,5 m breit gewesen sein. Der Torbau war überdacht und wies eine Breite von 6,3 m auf.

Abb. 66 Moderne Rekonstruktionszeichnung des Thrones des Apollon

Auf einem Hügel im Taygetos-Gebirge liegt eine ganze Stadt samt Festung, Kirchen, Klöstern und einem Palast, aber auch einfachen Wohnhäusern. Das und der gute Erhaltungszustand machen Mistras zu einem einzigartigen Zeugnis spätbyzantinischer Stadtkultur. Es gibt kaum bessere Beispiele. Nicht ohne Grund zählt die Stätte daher zum exklusiven Kreis des UNESCO-Weltkulturerbes.

28 MISTRAS – EIN BYZANTINISCHES POMPEJI

LAKONIEN

Literatur:

M. Chatzidakis, Mistra. Die mittelalterliche Stadt und die Burg. Vollständiger Führer durch Paläste, Kirchen und Burg (2001)

Die Geschichte von Mistras (Mystras) hängt unmittelbar mit dem Vierten Kreuzzug zusammen. Damals eroberten die ‚fränkischen' Kreuzritter auch die Peloponnes (1206/1207) und begannen an dieser Stelle mit der Errichtung eines befestigten Platzes. Seit 1259 regierten hier wieder die byzantinischen Kaiser. Wegen der vollständigen Aufgabe von Sparta entwickelte sich der Ort bald zu einer blühenden Stadt, die ab 1348/1349 zur Residenz des damals neugegründeten Despotats von Morea wurde, einer Sekundogenitur des Kaiserhauses in Konstantinopel. In ihren Mauern lebte seit 1406 u. a. der berühmte Philosoph Georgios Gemistos Plethon, der die platonische und neuplatonische Philosophie erneuerte. In Mistras wurde der letzte byzantinische Kaiser Konstantin XI. am 6. Januar 1449 gekrönt. Nur elf Jahre später fiel die Stadt 1460 an die Osmanen, die einige Kirchen und Klöster in Moscheen umwandelten. Die türkische Herrschaft unterbrachen die Venezianer für eine kürzere Phase, die von 1687 bis 1715 dauerte. 1770 verwüsteten während des russisch-türkischen Krieges albanische Hilfstruppen die Stadt, die schließlich 1825 im griechischen Freiheitskrieg größere Zerstörungen erlitt. In der Folgezeit wurde auch aus verkehrstechnischen Gründen deshalb nicht Mistras, sondern stattdessen das bequem in der Ebene zu erreichende Sparta neu erbaut. Fürst Pückler-Muskau und Goethe setzen Mistras literarische Denkmäler. Obwohl der letztere hier nie war, lässt er Faust die schöne Helena in einer Kreuzfahrerfestung bei Sparta treffen, die der Dichter auf Basis zeitgenössischer Reiseberichte über Mistras nach dessen Bauten gestaltete.

Die Stadt lässt sich im Wesentlichen in drei Bereiche gliedern: die Festung auf dem Gipfel des Hügels in 590 m Höhe sowie die Ober- und Unterstadt (Abb. 67). Eine Besichtigung kann sowohl von einem oberen als auch einem unteren Eingang (in 363 m Höhe) aus (jeweils mit Parkplatz) erfolgen. Aufgrund der Fülle der erhaltenen Baudenkmäler ist im Folgenden keine ausführliche Beschreibung möglich. Es müssen einige allgemeine Hinweise genügen. Nicht nur die Festung selbst ist von einer

Abb. 67 Blick auf Mistras

Mauer umgeben, sondern auch die Ober- und Unterstadt waren jeweils gesondert durch Befestigungsanlagen mit wenigen Toren darin geschützt. Es gibt aber auch außerhalb der Stadtmauern einige Gebäude. Nicht wenige Kirchen Mistras weisen noch Teile ihrer einst farbenprächtigen Wandmalereien auf (Agia Sophia, Agios Dimitrios). In der Architektur herrscht ein bestimmter Kirchenbautypus vor, der nach der Stadt sog. Mistras-Typus. Manche halten ihn für eine Verbindung westlich-lateinischer und östlich-orthodoxer Bauformen. Hierbei wird über einer herkömmlichen Basilika das zweite Geschoss in Form einer Kreuzkuppelkirche gestaltet. Vollends eine Mischung aus westlicher und östlicher Formensprache zeigt das L-förmige Palastgebäude mit seinen gotischen Fenstern sowohl in den fränkischen als auch byzantinischen Bauteilen.
Hauptsehenswürdigkeiten sind neben dem Despotenpalast (Abb. 68 Nr. 6; Aufzählung von oben nach unten): Reste der fränkischen Festung mit ausgezeichnetem Fernblick (Abb. 68 Nr. 23); in der Oberstadt (oberhalb des Palastes, zugleich die Grablege der Despoten) Mistras Hauptkirche Agia Sophia (Abb. 68 Nr. 8), ein Kreuzkuppelbau aus der Mitte des 14. Jhs. mit Glockenturm und einer Art Loggia zur Talseite hin; nach dem Durchschreiten des Monemvasia-Tores (Abb. 68 Nr. 5) das Kloster Pantanassa (Abb. 68 Nr. 10) von 1365 (erweitert 1428) mit gut erhaltenem Katholikon (geweiht 1428), dreischiffiges Erdgeschoss in Form einer Basilika und einem Obergeschoss mit Emporen in Form einer Kreuzkup-

Rechts: Polilimnio-Wasserfälle in Messenien

pelkirche (Spolien frühchristlicher Kirchen und Fresken aus der Entstehungszeit); am südöstlichen Ecke der äußeren Befestigungsmauer auf steilem Terrain Kirche des einstigen Perivleptos-Klosters (Abb. 68 Nr. 11) aus der Mitte des 14. Jhs. (besonders qualitätvolle Ausmalung im 3. Viertel des 14. Jhs. durch Handwerker des byzantinischen Kaiserhofs?); nach dem Marmara-Tor (benannt nach einem antiken Marmorsarkophag; Abb. 68 Nr. 24) in einem ummauerten Bezirk der älteste Kirchenbau von Mistras, die ursrpünglich 1291 als Basilika (Abb. 68 Nr. 1) errichtete Mitropolis (geweiht dem Soldatenheiligen Demetrios), deren Oberbau (eine Kreuzkuppelkirche mit Emporen) erst 1149 vollendet wurde, und der zugehörige ehemalige Bischofspalast mit kleinem Museum (Keramik, Ikonen, Freskenfragmente); von diesem Komplex in wenigen Schritten zu erreichen drei weitere Kirchen der Unterstadt: die Evangelistria (Abb. 68 Nr. 2), die kleinste der Hauptkirchen Mistras aus dem späten 13. Jh. (geometrischer und floraler Reliefschmuck an Kapitellen und Gesimsen); die Agii Theodoroi (Kriegerheiligen Theodoros Stratelares und Theodoros Tiro; Abb. 68 Nr. 3), ein mächtiger überkuppelter Zentralbau mit quadratischen Mittelraum und einer großen Kuppel vom Ende des 13. Jhs., der wahrscheinlich das Katholikon und später die Bestattungskirche des Vrontochion-Klosters war; sowie etwas weiter oben am Hang die Panagia Hodegetria (Maria als Wegbegleiterin; auch Afendiko genannt; Abb. 68 Nr. 4) aus dem 14. Jh., eine Kombination aus Basilika und Kreuzkuppelkirche mit einer Vielzahl gestaffelter Kuppeln und als späteren Hinzufügungen Seitenkapellen als Grablegen, einer offenen Vorhalle zur Talseite und einem dreistöckiggen Glockenturm.

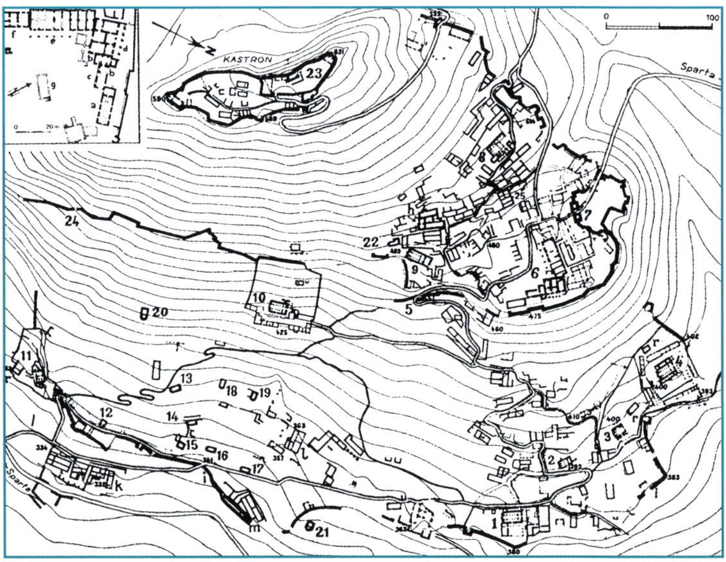

Abb. 68 Plan von Mistras

MESSENIEN – IM SCHATTEN SPARTAS

Messenien, dessen Beschreibung Pausanias sein gesamtes viertes Buch widmet, ist nach Messene benannt, die Enkelin des Phorbas aus Argos, Tochter des Triopas und Gattin des Polykaon war (4, 1, 1–2). Die Vielzahl mykenischer Fundstätten (v. a. Grabanlagen) belegt eine dichte Besiedlung bereits in der Bronzezeit. In der Ilias lässt Homer den greisen Nestor hier herrschen. Die Suche nach seinem Palast beschäftigte bereits viele Archäologen (siehe 30 und 32). In historischer Zeit unterjochten die Spartaner die Bevölkerung. Erst im 4. Jh. v. Chr. gelang es den Messeniern endgültig, diese Herren wieder loszuwerden. Das damals neu gegründete Messene kündet noch heute von diesem Erfolg.

Erst seit relativ kurzer Zeit ist ein neu entdecktes mykenisches Zentrum bekannt, das ein Schlaglicht auf die Rivalitäten zwischen den einzelnen Kriegerherren dieser Zeit wirft. Es gab hier zwar keinen großen Palast wie in Mykene, Tiryns und Pylos, wohl aber ein sehr repräsentatives mehrstöckiges Gebäude, aus dem ein Palast hätte werden können, wenn nicht …

29 IKLAINA – DER VERHINDERTE MYKENISCHE PALAST

MESSENIEN

In Iklaina einem kleinen Dorf etwa 10 km nordöstlich von Pylos, graben seit 2006 Wissenschaftler der Archäologischen Gesellschaft Athen auf einigen nicht sehr hohen zusammenhängenden Hügeln eine Siedlung aus, die hauptsächlich in der Zeit zwischen 1600 und 1100 v. Chr. bewohnt war. Das moderne Iklaina wird mit dem aus den Linear-B-Tontäfelchen von Pylos bekannten a-pu^{2}-we identifiziert. Daraus lässt sich schlussfolgern, dass dieser Ort zum Zeitpunkt der Zerstörung des Palastes von Pylos (30) eine untergeordnete Rolle spielte und den dort residierenden Wanax als Oberherrn anerkannt hatte. In der Zeit davor scheint das mykenische Iklaina aber ein durchaus eigenständiges Zentrum gewesen zu sein. Der damalige Rang der Siedlung wird durch die gefundene Architektur deutlich. Das gesamte Areal bestand aus mehreren steinernen Terrassen mit sorgfältig gearbeiteten Stützmauern. Zusätzlich gab es gepflasterte Höfe. Um 1300 v. Chr. scheint der Ort sogar nochmals aufwändiger ausgebaut worden zu sein. Dieses ‚Bauprogramm' führte sowohl zu einer deutlichen Verbesserung der Infrastruktur (Anlage gepflasterter Straßen und Plätze, Einrichtung eines Wasserverteilungs- und Abwassersystems = Steinrinnen und Tonröhren) als auch zur Monumentalisierung einzelner Bauten. Ein eigenes Tor scheint ein spezielles Areal von der übrigen Siedlung abgegrenzt zu haben. In diesem Bereich wurden gleich mehrere größere Gebäude errichtet, denen man eine öffentliche Funktion zuspricht. Das größte von ihnen (Abb. 69) war ein geradezu monumental zu nennender Komplex. Er ist mindestens zwei-, könnte aber auch gut dreistöckig gewesen sein. Er erhob sich zum Teil auf einem Unterbau aus massivem Kyklopenmauerwerk. Dieser vorgeschobene und erhöhte Standort verdeutlichte in einfacher architektonischer Sprache die herausgehobene Position, die der Hausherr innerhalb der Gemeinschaft des mykenischen Iklaina innegehabt haben muss. Sein besonderer Status wurde zusätzlich dadurch unterstrichen, dass das ganze Gebäude aus sorgfältig behauenen Steinen bestand und innen mit farbigen Wandmalereien aufwändig dekoriert war. Die Ausgräber fanden im Schutt der

Abb. 69 Rekonstruktion des Herrenhauses von Iklaina

Anlage mehr als 2500 Freskenfragmente. Auf einigen Stücken sind Meeresszenen, d.h. Schiffe, die von Menschen gerudert werden, und Fische zu sehen. Zusätzlich gab es Darstellungen von Prozessionen, einzelnen Gebäuden und Tieren. Bedeutend ist ferner der Fund einer Tontafel mit Linear-B-Beschriftung (1450–1440 v. Chr.), das bislang früheste Exemplar des festländischen Griechenlands.

Doch schon wenige Jahrzehnte später scheint die Siedlung von außen angegriffen und erobert worden zu sein. Dabei gingen v. a. die größeren Baukomplexe in Flammen auf. Während die eigentliche Siedlung rasch wiederherstellt wurde, unterließ man es auffälligerweise, ein neues herrschaftliches Gebäude, geschweige denn einen wirklichen Palast wie in Mykene, Tiryns und Pylos zu errichten. Dies hat zu folgenden Überlegungen geführt: Iklaina scheint in mykenischer Zeit zunächst ein nicht ganz unbedeutendes Zentrum gewesen zu sein, das möglicherweise in Konkurrenz zu dem Palast von Ano Englianos (30) und damit vielleicht dem Reich von Pylos stand, dessen Herrscher sich letztlich durchsetzte. Iklaina könnte danach zu den von Pylos abhängigen Regionen gezählt haben. Der Inhalt einiger in den mykenischen Ruinen von Ano Englianos gefundenen Linear-B-Täfelchen lässt den Eindruck entstehen (siehe oben), als sei dieser Palast tatsächlich eine Art Zentrale gewesen, der Tribute aus umliegenden Gegenden erhielt. In Iklaina hätte dann nach der ersten Eroberung um 1250 v. Chr. bis zur zweiten Zerstörung um 1200 v. Chr. nur noch ein lokaler Vasall des mächtigeren Palastherren von Pylos regiert. Dies könnte erklären, warum es in Iklaina selbst nicht zur Errichtung eines großen spätmykenischen Palastareals gekommen ist, sondern man sich hier mit kleineren repräsentativen Gebäuden begnügt hat. Auch nach der zweiten Zerstörung blieb der Ort bewohnt, scheint aber dann im Lauf des 11. Jh. v. Chr. endgültig aufgegeben worden zu sein.

Hier vermutet man seit langem den aus der Ilias bekannten Palast des greisen Königs Nestor, in dem des Odysseus Sohn Telemachos zu Gast war und reich bewirtet worden ist (Odyssee 3; 17, 108–112). In der Tat zeigen die am Ort entdeckten Räumlichkeiten einen großen Luxus. Trotz der seit 1939 intensiv betriebenen Ausgrabungen hält die Stätte von Ano Engalianos weitere sensationelle archäologische Überraschungen bereit. Erst vor kurzem konnte ein ungeplündertes Schachtgrab mit prachtvollen Beigaben entdeckt werden.

30 PYLOS – ZU GAST BEIM GREIFENKRIEGER UND DEM GREISEN NESTOR

MESSENIEN

In der Nähe der peloponnesischen Westküste gibt es 17 km nördlich von Pylos ein 170 m langes und 90 m breites an seiner Ostseite stark abfallendes Tableau, das den modernen Gemarkungsnamen Ano Englianos (auch Epano Englianos) trägt. Auf ihm liegen die Reste einer größeren mykenischen Palastanlage. Sie wird von amerikanischen Archäologen untersucht. Die Ruinenstätte ist durch ein erst in letzter Zeit erneuertes nicht zu übersehendes Schutzdach gesichert und kann auf einem gesonderten, über den Mauerresten verlaufenden Steg besichtigt werden. Die Funde sind zum Teil 4 km nördlich in einem kleinen Museum ausgestellt. Lange Zeit dachte man, dass der Palast im Gegensatz zu Mykene und Tiryns keine Befestigung gehabt habe und erklärte dies u. a. mit der Macht der Herren von Pylos. Zwar gibt es hier in der Tat keinen ähnlich strukturierten Burgfelsen mit mächtigen Kyklopenmauern, doch sind mittlerweile in gewisser Entfernung gleichwohl Reste eines Befestigungsrings entdeckt worden. Durch solche Bastionen muss insbesondere in Richtung Meer das gesamte Gebiet im Auge behalten worden sein. Für den Palast ist die Hügelkuppe extra planiert worden. Sein baulicher Zustand ist der der spätmykenischen Phase (14./13. Jh. v. Chr.). Vielleicht war das Areal bereits früher befestigt, besiedelt auf jeden Fall, wie der Neufund eines Schachtgrabes in nächster Nähe aus dem frühen 15. Jh. v. Chr. belegt. Für Homer ist Pylos der Sitz des Nestor gewesen. In der Odyssee werden die Reichtümer dieses mythischen Königs ausführlich anlässlich des Besuches von Telemachos geschildert. Die vor Ort gefundenen Linear-B-Täfelchen mit Aufzeichnungen aus den Palastdepots belegen ebenfalls die wirtschaftliche Prosperität dieses spätmykenischen Herrensitzes. Die Grundmauern des Gebäudes bestehen aus sorgfältig geschnittenen Steinquadern, die zu größeren Teilen erhalten blieben. Das aufgehende Mauerwerk aus Lehmziegeln und Fachwerk ist dagegen

ebenso verloren wie die die Decken stützenden Holzsäulen, die auf wiederum erhaltenen steinernen Basen standen. Repräsentative Vorhallen und Räume boten einen gewissen Raumluxus. Hierzu gehörten in einigen Räumlichkeiten aufwändige Fußboden- und Wandmalereien. Manche Gebäudeteile müssen einen unvergleichlich luxuriösen Eindruck auf

Abb. 70 Rekonstruktion des Palastes und seiner Innenräume

Abb. 71 Plan des Palastes von Pylos

die damaligen Besucher gemacht haben (Abb. 70). Heute künden davon unzählige Freskofragmente mit figürlichen und ornamentalen Dekorationen. Treppenaufgänge lassen um den Zentralhof herum ein Obergeschoss erschließen. Es gab sogar eigene Badezimmer.

Der gesamte Baukomplex lässt sich in drei größere Bereiche einteilen. Das Zentrum bildete ein rechteckiges Megaron mit Herdstelle und vier Säulen in der Mitte (Abb. 71 Nr. 4). Der Rand des Herdrundes aus Lehm war mit einer bemalten (Flammen- und Spiralmuster) Stuckschicht überzogen. Eine Vertiefung vor der rechten Ostwand markiert wie in Tiryns und Mykene den Platz des Throns. Die zwei durch eine Rille miteinander verbundenen Mulden davor dienten wahrscheinlich Trankopfern, die der Herrscher hier bei Zeremonien ausgoß. Vor dem Hauptraum lag ein wesentlich kleinerer breiter Vorraum, von dem aus man in die Seitenräume gelangte, in denen Treppen ins Obergeschoss führten. Davor gab es noch eine offene Vorhalle, wo zwei weitere Säulen zwischen deren vorgezogenen Längsmauern standen. Sie öffnete sich auf einen größeren Vorhof (Abb. 71 Nr. 3), in den man von außen durch einen in der Längsachse liegenden Torbau (Abb. 71 Nr. 1) gelangte. An drei Seiten flankierten weitere, durch Korridore erschlossene Räume diesen inneren Komplex. Ein Raum scheint das Palastarchiv (Abb. 71 Nr. 2) und ein anderer zweigeteilter auf der Rückseite des Megarons ein Magazinraum für Öl

(Abb. 71 Nr. 7) gewesen zu sein. Dort befinden sich in den Boden eingelassen riesige tönerne Voratsgefäße. In zwei Räumen wurden zudem mehr als 6.000 Gefäße aus Ton gefunden, darunter viele Trinkschalen, die sicherlich für die im Palast gefeierten Gelage bestimmt waren. In einem Zimmer (Ostseite direkt über Abb. 71 Nr. 10) war in einen Stucksockel eine bemalte Tonbadewanne eingelassen. Zudem gab es hier zwei Becken, aus denen offenbar das Wasser geschöpft wurde. Links und rechts davon lagen weitere Trakte. Der linke besaß einen Herdraum (Abb. 71 Nr. 5) und eine eigene Halle (Abb. 71 Nr. 6). Der rechts liegende Bereich mit dem sog. Nordostbau (Abb. 71 Nr. 9), eventuell ein Werkstattgebäude, und einem Weinmagazin (Abb. 71 Nr. 8) könnte der Versorgung der beiden anderen Raumkomplexe gedient haben.

In unmittelbarer Nähe des Palastes lagen mehrere Kuppel- und Kammergräber. Wenige Schritte unterhalb des Parkplatzes ließen die Ausgräber ein Grab restaurieren. Ausgesprochen sensationell ist der erst 2015 erfolgte Fund eines ungeplünderten Schachtgrabes zu nennen. Hier war in der Zeit zwischen ca. 1475 bis 1450 v. Chr. ein 30- bis 35-jähriger Krieger mit prunkvollen Beigaben bestattet worden. Die Ausgräber haben ihm den Namen Greifenkrieger gegeben. Unter den zahllosen Funden stechen mehrere Goldringe und ein Achatsiegel mit der Darstellung eines Kampfes heraus. Wie auch bei anderen Objekten aus dem Grab scheint es sich hierbei um Stücke der minoischen Kunst zu handeln. Vielleicht war dieser frühe Herr von Pylos an der mykenischen Eroberung der Insel Kreta beteiligt, wo er Teile seines Grabschatzes aus den dortigen Palästen raubte und in seine Heimat mitnahm.

Das am Ortsrand von Chora errichtete Archäologische Museum beherbergt viele Funde aus ganz Westmessenien einschließlich der aus dem Palast des Nestor. Zu den dort ausgestellten Stücken gehören Grabbeigaben aus den zahlreichen Gräbern der Gegend, die Freskenreste aus dem Palast mit Darstellungen von Greifen und Löwen sowie Jagd- und Kriegsszenen. Ferner sind im Museum Tontäfelchen sowie tönerne Figuren (Statuetten von Göttinnen?) und viele Keramikgefäße zu sehen. Im modernen Pylos gibt es ein weiteres kleines archäologisches Museum mit regionalen Funden aus mykenischer bis spätrömischer Zeit.

Vom sog. Nestorpalast fließt ein Bach Richtung Meer. Unweit der ganz im Norden liegenden Stelle, wo dieser ins Meer mündet, kann auf der Spitze eines felsigen Riffs (Petrochori) über der Vidokilia-Bucht ein eingstürztes mykenisches Kuppelgrab besucht werden. In historischer Zeit hielt man es für das Grab des in der Odyssee erwähnten Nestorsohnes Thrasymedes, weshalb hier ein Altar für Rinderopfer angelegt wurde. Am gegenüberliegenden Hang des Koryfasio-Berges ist ferner eine von den Mykenern genutzte Kulthöhle zu sehen, die man später als Höhle der Rinder des Nestor bezeichnete.

Dass Messenien nicht nur für Reisende die hauptsächlich an mykenischer Kultur interessiert sind, ein lohnendes Ziel darstellt, zeigen die beeindruckenden Reste von Messeniens ehemaliger Hauptstadt in spätklassischer Zeit. Unterhalb des Berges Ithome erstreckt sich die weitläufige Ruinenlandschaft des einstigen Messene, das von Pausanias recht ausführlich beschrieben wird. Die Bauten sind zum Teil sehr gut erhalten.

31 MESSENE – ANTIKE STADTKULTUR VOM FEINSTEN

MESSENIEN

Literatur:

S. Müth, Eigene Wege. Topographie und Stadtplan von Messene in spätklassisch-hellenistischer Zeit, Internationale Archäologie 99 (2007)

C. Reinholdt, Das Brunnenhaus der Arsinoë in Messene. Nutzarchitektur, Repräsentationsbaukunst und Hydrotechnologie im Rahmen hellenistisch-römischer Wasserversorgung (2009)

P. G. Themelis, Das antike Messene (2003)

Ders., Die Agora von Messene. In: H. Frielinghaus – J. Stroszeck (Hrsg.), Neue Forschungen zu griechischen Städten und Heiligtümern. Festschrift für Burkhardt Wesenberg zum 65. Geburtstag, Beiträge zur Archäologie Griechenlands 1 (2010) S. 105–125

Die Ruinen der Stadt findet man beim heutigen Dorf Mavromati. Die gleichnamige moderne Ortschaft Messini liegt dagegen 16 km südöstlich in der Nähe der Küste. Der 798 m hohe Berg Ithome wurde in die städtische Befestigung miteinbezogen. Die Gründung erfolgte erst 369 v. Chr. auf Betreiben des thebanischen Feldherrn Epameinondas, unter dessen Führung man die Spartaner 371 v. Chr. in der Schlacht bei Leuktra vernichtend geschlagen hatte. Auf dem Ithome befand sich seit alters her mit dem Heiligtum für Zeus das kulturelle Zentrum der Messenier, weshalb den Stadtplanern die Gegend unterhalb, abgesehen von ihrer günstigen strategischen Position, als besonders geeignete Stelle für die Anlage der neuen Hauptstadt Messeniens erschienen sein muss. Messene hatte noch in der römischen Kaiserzeit einige Bedeutung. Reste einer frühchristlichen Basilikakirche deuten auf eine Siedlungskontinuität bis in frühbyzantinische Zeit hin. Pausanias Beschreibung (4, 31, 5–33, 2). ermöglicht die Identifizierung der zu größeren Teilen erst in den letzten Jahrzehnten ausgegrabenen und intensiv erforschten Monumente, die derzeit noch rekonstruiert und wiederaufgerichtet werden (Abb. 72).

Der bis zu den Zinnen aus großen Quadern errichtete monumentale Mauerring und seine eckigen sowie halbrund vorspringenden Turmbastionen sind schon von weitem gut zu erkennen. In 4 m Höhe verläuft ein Wehrgang mit Guck- und Schießscharten. Diese gewaltige Befestigung zieht sich vom Tal bis zur Bergspitze hinauf und überwindet dabei etwa 550 Höhenmeter. Sie muss bereits im 4. oder spätestens 3. Jh. v. Chr. angelegt worden sein. Das besterhaltene Teilstück kann im Norden betrachtet werden. Dort befindet sich auch das sog. Arkadische Tor (an der Landstraße 1 km hinter Mavromati) mit zwingerartigen Erweiterungen aus dem 3. Jh. v. Chr. Zwei zur Landseite vorspringende Bastionen sichern es zusätzlich. Die erkennbaren Wandnischen enthielten einst bildlichen Schmuck (Hermenpfeiler, Reliefs oder Statuen). Außerhalb des Tores stehen die Reste zweier römischer Mausoleen. Sie sind teilweise innen mit Marmorplatten ausgekleidet. Ein Grab besitzt eine kleine Frei-

treppe und einen kleinen Säulengang. Links und rechts erstreckten sich Nekropolen, von denen weitere Reste (u. a. ein römischer Girlandensarkophag) zu sehen sind.
Besonderes Interesse verdient unterhalb des Dorfes Mavromati das ehemalige Stadtzentrum von Messene (Abb. 73). Teilweise in den Hang eingetieft ist das Zuschauerrund des Theaters. Die übrige Rückwand wurde aus Bossenquadern errichtet. Von der Rückseite führten zusätzlich Treppenzugänge zu den Zuschauerrängen. Der Bau war über eine gepflasterte Straße aus großen Quadern mit dem großen Asklepieion von Messene verbunden. Wer auf ihr entlanglief, kam zunächst an einer Brunnenanlage in Form einer dorischen Säulenhalle mit Seitenrisalithen, das 40 m breite sog. Brunnenhaus der Arsinoe vorbei. Die namensgebende Heroine war einer lokalen Sage nach die Tochter des messenischen Königs Leukippos und Mutter des Gottes Asklepios. Es folgte direkt eine noch wenig erforschte und ausgegrabene Halle der Agora (?). Das wahrscheinlich erst 215 v. Chr. errichtete Asklepieion verfügte über einen dorischen Ringhallentempel mit 6 x 12 Säulen und einen östlich davor platzierten Altarbau. Beides lag inmitten eines annähernd quadratischen Hofes (66 x 72 m), der allseits von zweischiffigen Hallen (jeweils 21 bzw. an den längeren Seiten 23 Säulen) eingefasst war. Besondere korinthische Kapitelle mit eingearbeiteten Darstellungen von Eroten und Siegesgöttinnen tragen ein Gebälk, das mit einem Fries aus Stierschädeln (Bukranien) und Girlanden verziert ist. Um den Tempel herum und an den Säulenhallen sowie in den Räumen der Westseite gibt es noch heute 140 Sockel, die einst Ehrenstatuen trugen. Hinter den offenen Säulenhallen lagen zahlreiche Räume. Zum Gesamtkomplex führte im Osten ein Torbau, an den seitlich ein Versammlungsgebäude mit Sitzstufen (sog. Ekklesiasterion) und zwei weitere große Säle anschlossen. Im Westen öffneten sich kleinere Exedraräume zur dortigen Halle hin. Sie enthielten wiederum zahlreiche Statuen. In einem Raum war ein Heiligtum für Artemis untergebracht. An der Nordseite stellte eine Treppe und ein weiterer Torbau die Verbindung zu einer höher gelegenen Straße und einem anderen Areal her. Hierbei könnte es sich um eine Kaiserkultanlage gehandelt haben. Talabwärts gelangte man vom Asklepieion zu einem Artemis-Heiligtum, über das in der Spätantike eine luxuriöse Villenanlage erbaut wurde, die Mosaikfußböden besaß. Der nächste Bezirk ist eine Thermenanlage. Weitere 200 m hangabwärts liegt ein ausgesprochen gut erhaltenes Stadion mit steinernen Sitzreihen. Man betrat es einst an seiner Nordwestecke durch ein wiederaufgerichtetes Propylon dorischer Ordnung. Der nördliche Teil des Stadions ist über eine Länge von 110 m auf allen drei Seiten von dorischen Säulenhallen umgeben, von denen zahlreiche Säulen wieder aufgestellt werden konnten. Das Nordende der Laufbahn wird von steinernen Stufen hufeisenförmig eingefasst. Am

Abb. 72 Blick auf Teile der wiederhergestellten Ruinen von Messene

südlichen Ende fehlen sie. Gegenüber ist schon von der Talseite her ein turmartig vorspringendes Podium mit einem Aufbau in Form eines viersäuligen Tempels zu erkennen. Es war vielleicht das Mausoleum der Familie des Saithas, einer einflussreichen Familie aus dem 1. bis 3. Jh. n. Chr. Im Westen ging man durch ein viersäuliges dorisches Prachttor auf eine Straße, an der die Grundmauern eines größeren Gymnasions entdeckt worden sind, das auch eine Palaistra beinhaltete. Ebenfalls westlich konnten unmittelbar außerhalb des Stadions mehrere Ehrengräber freigelegt werden. Auf den Berg Ithome gelangen Interessierte von Mavromati aus über einen steilen Fußpfad. Am Weg lassen sich Reste eines weiteren Heiligtums für die Göttin Artemis entdecken. Das auf der Bergspitze stehende Kloster ist über antiken Fundamenten errichtet. Vom Heiligtum des Zeus fehlt jede Spur. Abschließend kann noch an der Landstraße, die vom Dorf Mavromati in nordwestlicher Richtung zum Arkadischen Tor führt, das lokale Museum besucht werden. In ihm sind u. a. Teile des reichen Skulpturenschmucks der Stadt zu sehen.

Abschließend soll noch einmal Pausanias selbst zu Wort kommen, der Messene ebenfalls besucht hat, da er dort noch Bauten und Denkmäler

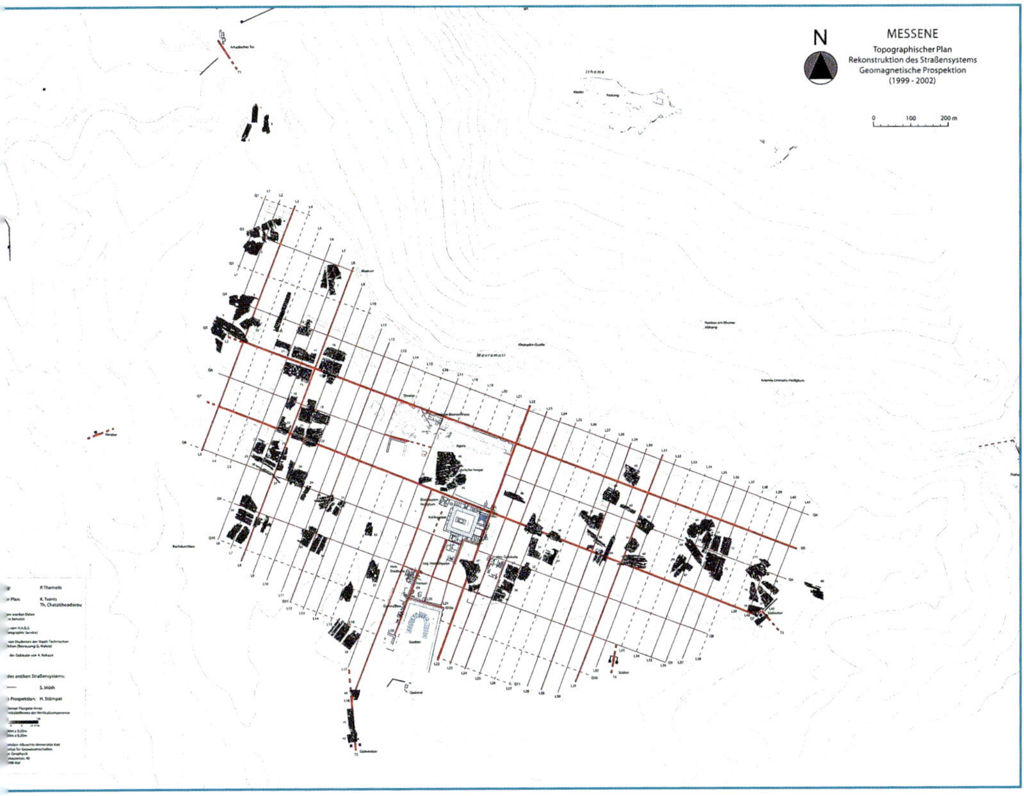

sah, die heute längst verloren sind. Sehr beeindruckt war er von der Befestigung, die er sogar mit den Mauern von Babylon vergleicht (4, 31, 5). Für die Agora der Stadt erwähnt er eine Statue des Zeus und den Brunnen Arsinoë. Ferner nennt er Heiligtümer des Poseidon und der Aphrodite. Besonders bemerkenswert findet er die Statue der Göttermutter aus parischem Marmor des Bildhauers Damophon (4, 31, 6). Ansonsten zählt er für die Stadt weitere Heilige Bezirke auf: Eileithyia, Koureten, Demeter (4, 31, 9) und der Messene (4, 31, 11). Ausführlicher listet er die Statuen des Asklepieions auf. Eine besondere Erwähnung ist ihm das eiserne Standbild des Epameinondas wert (4, 31, 10). Darüber hinaus erwähnt er das sog. Hierothesion mit Götterstatuen sowie die Standbilder im Gymnasion und ein Grabmal des Aristomenes (4, 32, 1–3). Vom Stadion, dem Theater sowie dem Heiligtum der Serapis und der Isis spricht er nur kurz (4, 32, 6). Abschließend besteigt auch er den Berg Ithome, wo er die Quelle Klepsydra, das Heiligtum des Zeus Ithomatas und das dortige Kultbild sieht (4, 33, 1–2).

Abb. 73 Plan von Messene

TRIPHYLIEN, ELIS UND ACHAIA – MEHR ALS NUR EIN WELTWUNDER

Diese drei Landschaften kommen bei Reisenden meist zu kurz. Zu sehr ist die Aufmerksamkeit auf das elische Olympia gerichtet. Schon in der Antike zog dieser Ort, der immerhin eines der Sieben Weltwunder der Antike beherbergte (kolossales Kultbild des Zeus aus Gold und Elfenbein), zahllose internationale Besucher an. Von den vielen übrigen archäologischen Stätten, die allerdings nicht unbedingt als Highlights zu bezeichen sind, seien daher nur wenige kurz vorgestellt.

Heinrich Schliemanns Assistent Wilhelm Dörpfeld vermutete an diesem Ort den Palast des Nestor. In der Tat wurden hier recht bedeutende spätbronzezeitliche Baureste gefunden. Sie veranschaulichen, dass die Mykener auch diesen Landstrich bereits besiedelt hatten. Wer der Herr von Kakovatos war, wissen wir nicht. Homers Nestor ist es sicher nicht gewesen. Innermykenische Machtkämpfe führten zur Zerstörung des Ortes.

32 KAKOVATOS – HOMERS SANDIGES PYLOS?

Links: Strand von Kakovatos, Elis

Am Golf von Kyparissia sind diverse mykenische Ruinenstätten zu entdecken. Etwa 1,5 km landeinwärts bei Kakovatos liegen drei Kuppelgräber (nur noch zwei erkennbar) und eine Siedlung des 16. bis 15. Jhs. v. Chr. Entdeckt hatte die Gräber samt ihren Beigaben (Keramik, Schmuck, Bernstein-, Amethyst- und Glasperlen, Elfenbeineinlagen u. a.m.) Wilhelm Dörpfeld Anfang des 20. Jhs., der dies zum Anlass nahm, auch den zugehörigen Siedlungshügel auszugraben. Er glaubte fest daran, damit das in Homers Ilias als sandig bezeichnete Pylos und folglich die Residenz von Nestor, dem ältesten Helden der vor Troia versammelten Griechen, entdeckt zu haben. Immerhin konnte er mit seinen Grabungen den Nachweis führen, dass auch Triphylien in der Bronzezeit zum Machtbereich der Mykener gehörte und sich dort eigene Palastzentren gebildet hatten. Neuere Forschungen konzentrierten sich verstärkt auf Komplexe südlich der Tholoi. Dabei wurde ein Gebäude freigelegt, das schon Dörpfeld untersucht hatte. Es besaß einen Fußboden aus Kieseln. Eine große Mauer stützte das Hügelplateau insbesondere im Westen. Vom Meer aus gesehen müssen die Gebäude weithin sichtbar gewesen sein und regelrecht über der Ebene ‚gethront' haben (Abb. 74). Bereits in der zweiten Hälfte des 15. Jhs. kam es zu einer Brandzerstörung. Wahrscheinlich war hierfür ein mächtigerer Fürst verantwortlich (vgl. 29.30).

Abb. 74 Modell des Siedlungshügels von Kakovatos

In einer einsamen Berggegend liegt unter einem modernen Schutzdach einer der besterhaltenen Tempel Griechenlands. Geweiht war er dem Apollon. Die Mühen seiner Errichtung nahmen die Einwohner des antiken Phigaleia im letzten Viertel des 5. Jhs. v. Chr. nur auf sich, als bei ihnen die Pest wütete und der Gott mit einem aufwändigen Geschenk bestochen werden musste, damit er zu Hilfe eilte, was er dann wohl auch tat.

33 BASSAI – ALLES UNTER EINEM DACH

Pausanias (8, 41, 7–9) besuchte den Tempel und musste hierzu 1.300 Höhenmeter bewältigen. Eine ähnliche Anstrengung unternahmen 1765 und 1811 moderne Reisende, wobei die Letzteren im Gegensatz zu Pausanias allerhand Unheil anrichteten, indem sie die verzierten Kapitelle und den mit mythischen Darstellungen verzierten Fries der Tempelcella mühselig ans Meer transportieren ließen, um sie nach London zu verschiffen, wo allerdings nur die Figurenreliefs heil ankamen. Sie sind heute noch im British Museum ausgestellt. Der Rest verschwand spurlos. Pausanias verdanken wir alle wichtigen Informationen. So habe der auch am Athener Parthenon tätige Architekt Iktinos den Tempel entworfen. Pausanias erwähnt ferner, dass der gesamte Tempel inklusive Dach aus Marmor sei und er nach Tegea der sehenswerteste auf der Peloponnes wäre. Als Anlass nennt er die Heilung der Bewohner des Ortes Phigaleia von einer Pest durch Apollon. Dieser soll den Einwohnern eine unbekannte Heilpflanze gezeigt haben. Zum Dank ließen sie an der Fundstelle dieses besonderen Gewächses dem Apollon einen Tempel errichten und gaben ihm den Beinamen Epikourios (der Heilende).
Von außen betrachtet wirkt der Bau wie ein gewöhnlicher dorischer Ringhallentempel (Abb. 75). Er besaß 6 x 15 Säulen und war nach Süden ausgerichtet. Möglicherweise gab es an gleicher Stelle bereits einen archaischen Vorgängerbau. Absolut unkonventionell für die Zeit ist dagegen die Gestaltung des Innenraums (Abb. 76). Auf einen recht weiträumigen Pronaos folgte eine Cella, in der an den Seitenwänden Mauern vorsprangen, denen ionische Halbsäulen vorgeblendet waren. Darüber lief auf allen Seiten der nach London verbrachte Figurenfries um (Abb. 77). Er zeigt zwei mythische Kämpfe, den der Lapithen gegen die Kentauren und den der Griechen gegen die Amazonen. Eine Besonderheit stellte die Mittelsäule der Rückwand dar. Sie trug als einziges ein korinthisches Kapitell (Abb. 76), das leider wie alle anderen auch infolge der Verschiffungsaktion verloren ging. Wir kennen es nur aus Zeichnungen. Es war offenbar das erste korinthische Kapitell überhaupt. In der Cella konnten

Abb. 75 Apollon-Tempel (noch ohne Schutzdach)

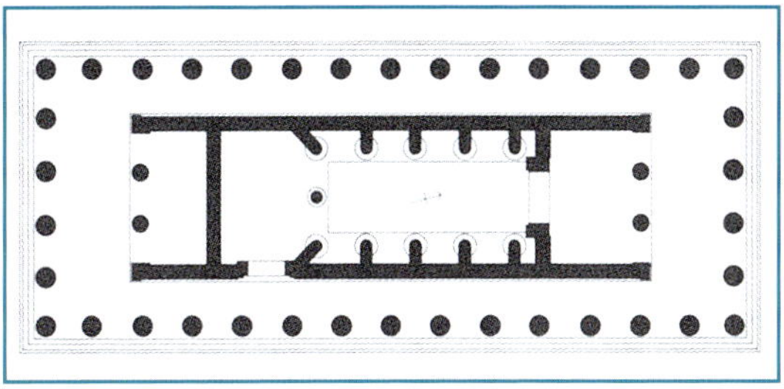

Abb. 76 Grundriss und Innenraum des Tempels von Bassai sowie Zeichnung des verlorenen korinthischen Kapitells

Abb. 77 Detail des Tempelfrieses mit der Darstellung des Kampfes der Griechen gegen die Amazonen (Achilleus und Penthesileia?); London, British Museum

keinerlei Reste einer Kultbildbasis inklusive einer entsprechenden Fundamentierung festgestellt werden. Laut Pausanias waren der gesamte Tempel und auch sein Dach aus Stein errichtet.

Die antike Stadt Phigaleia lag etwa 7 km südwestlich des Tempels und war von diesem durch eine Schlucht getrennt. Erreichbar ist das antike Siedlungsareal heute über einen Fahrweg, der in Perivolia von der Straße Andritsena nach Tholo abzweigt. Man sieht vor Ort Reste der zu 6 m hohen Stadtmauer aus dem 4. Jh. v. Chr. Die heute im antiken Stadtgebiet zu sehende Friedhofskapelle steht auf dem Unterbau eines weiteren Tempels, von dem in die Kirchenmauern einzelne Bauglieder (Säulentrommeln u. a.) eingefügt sind. Wenige Schritte von hier lassen sich die Reste eines hellenistische Quellhaus ausmachen. Rechts führt ein Weg auf eine kleine Erhebung, auf dem ein bis zu einer Höhe von 2 m erhaltener kleiner Tempel mit einer schönen Kultbildbasis steht, die von dorischen Säulen eingerahmt war. Weiter westlich könnten die Reste einer Säulenhalle auf die einstige Lage der Agora hinweisen. Streng genommen liegen Phigaleia und der Tempel des Apollon Epikourios nicht im eigentlichen Triphylien. Pausanias rechnet beides zu Arkadien. Da die Stätte heute jedoch in der Regel auf der Fahrt nach Olympia besucht wird, ist sie im vorliegenden Reiseführer an dieser Stelle platziert worden.

Schon Pausanias konnte die Herkulesaufgabe, die zahllosen Monumente des antiken Olympia zu beschreiben, kaum bewältigen. Fast sein gesamtes sechstes Buch ist dem Ort gewidmet (6, 1, 1–21, 3). Die gängige deutsche Ausgabe braucht hierfür gut 125 Druckseiten! Auch wenn vieles von der einstigen Pracht heute verloren ist, blieb genügend übrig für mehr als nur einen Besuch.

34 OLYMPIA – SCHWIEGERVATERS WETTFAHRT IN DEN TOD

Der arme Pausanias hat in Olympia sein wohl größtes Debakel erlebt. Er war allerdings Gott sei Dank schon lange tot, als sich der junge Ulrich von Wilamowitz-Moellendorff (1848–1931), der Schwiegersohn des großen Althistorikers und Nobelpreisträgers für Literatur Theodor Mommsen, im Heiligen Hain mit dem Text des römischen Reiseschriftstellers in der Hand vor den Augen einer Hoheit aus deutschem Fürstenhaus und der gesamten Reisegesellschaft unsterblich blamierte. Er, der die Beschreibung nicht recht verstanden hatte und seine Besichtigung aus der falschen Richtung begann, was bald zu den blamablen Verwirrungen führte, zieh den Pausanias der Unzuverlässigkeit. Dieser hätte keine einzige der von ihm beschriebenen Stätten je selbst gesehen und habe in seiner heimischen Studierstube nur ältere bessere Texte abgeschrieben, diese jedoch nie recht verstanden. Kurzum: Der Text des Pausanias sei als Reiselektüre für den Gebrauch vor Ort völlig ungeeignet. Wegen des enormen Einflusses des später weltweit als ‚Papst' der Klassischen Philologie anerkannten Gelehrten geriet Pausanias gehörig in Misskredit. Generationen von Graezisten schrieben schlecht über ihn, und Generationen von Archäologen mühten sich umso intensiver an seiner Ehrenrettung ab, was schließlich gelang. Schon die ersten deutschen Ausgräber, die ab 1874/1875 das Heiligtum freizulegen begannen, schätzten des Pausanias Schrift als zuverlässige Quelle. Ohne diese ließen sich viele der entdeckten Gebäude und Denkmäler kaum sicher einordnen. Dieser Text ist es schließlich auch gewesen, der Ernst Curtius (1814–1896) veranlasste, seinen Einfluss als ehemaliger Erzieher des späteren Deutschen Kaisers und Königs von Preußen Friedrich III. (reg. 1888) geltend zu machen und gegen den Widerstand des Reichskanzlers Otto von Bismarck das Herrscherhaus in Berlin von der Notwendigkeit der Ausgrabungen zu überzeugen, was ihm schließlich gelang. Kaiser Wilhelm I. steuerte aus seiner Privatschatulle erhebliche Mittel zur Anfangsfinanzierung bei. Man hatte sich inspiriert von Pausanias' ausführlicher

Literatur:

H. V. Herrmann, Olympia (1972)

A. Mallwitz, Olympia und seine Bauten (1972)

U. Sinn, Olympia (2. Aufl. 2002)

Ders., Das antike Olympia (2004)

H. Kyrieleis, Olympia (2011)

W.-D. Heilmeyer (Hrsg.), Mythos Olympia (2012)

Aufzählung der Weihgeschenke erhofft, viele Meisterwerke der antiken Bildhauerkunst zu entdecken. Dem war dann zwar nicht so, doch erbrachten und erbringen die bis heute vom Deutschen Archäologischen Institut (DAI) fortgeführten Untersuchungen Funde und Erkenntnisse, die nicht minder bedeutend sind. Zudem stellte bereits der Grabungsvertrag, der mit dem damaligen Königreich der Hellenen geschlossen wurde, etwas ausgesprochen Innovatives dar. Hatte man in früheren Zeiten den Ausgräbern praktisch das Recht eingeräumt, wertvolle Objekte außer Landes in die eigenen Museen zu schaffen, unterblieb dies von jetzt an vollständig. Nur Dubletten und Abgüsse sollten fortan Griechenland verlassen dürfen. Dieses Abkommen erreichte bald Vorbildcharakter und bildet die Grundlage für weitere Vereinbarungen dieser Art.

Beinahe so zahlreich wie die Denkmäler Olympias sind die mit diesem Ort verbundenen diversen Gründungslegenden. Bald soll es Herakles höchstpersönlich gewesen sein, der die Spiele gestiftet habe, bald sein weitaus weniger bekannte Nachfahre Oxylos, der Aitoler, oder auch der lokale König Iphitos. Favorisiert wurde ferner die Erzählung, wonach der König Oinomaos von Pisa jeden potentiellen Freier seiner Tochter Hippodameia zu einer Wettfahrt mit Wagen gezwungen haben soll. Zwar gewährte er jedesmal den jungen Herren ordentlich Vorsprung, konnte diese aber stets durch die besonderen Pferde, die ihm sein göttlicher Vater Poseidon einst geschenkt hatte, mühelos einholen und hinterrücks mit einem gezielten Lanzenwurf beseitigen. In Pelops allerdings fand er seinen Meister. Dieser bestach flugs den Wagenlenker des Oinomaos namens Myrtilos, er möge die Deichsel manipulieren, was dieser auch tat. Der König stürzte und Pelops war seinen Schwiegervater in spe los. Zur Sühne richtete er die Spiele ein.

Die Griechen glaubten fest daran, dass die erste Olympiade im Jahr 776 v. Chr. stattfand. Diese Angabe verdanken wir einem spätantiken Mönch, der sich der Mühe unterzogen hatte, die antiken Zeitrechungen mit der christlichen Jahreszählung zu korrelieren. In Griechenland datierte bald jede Polis nach einem eigenen System. In Athen waren es bspw. bestimmte Beamte, nach denen die Jahre gezählt wurden, und in Argos ist es die Liste der Priesterinnen der Hera gewesen. Umso willkommener war für alle Griechen die Rechnung der Jahre nach den einzelnen Olympiaden. Es hieß dann bspw., dies oder jenes sei im soundsovielten Jahr (1, 2, 3 oder 4) der soundsovielten Olympiade geschehen, die nur alle vier Jahre stattfanden.

Das ‚Hausrecht' in Olympia besaß zunächst Pisa, später (ab 580 v. Chr.) Elis. Die Preisrichter (Hellanodiken) wachten vor Ort streng über die Einhaltung der Wettkampfregeln, ließen sich zuweilen aber auch bestechen. Frauen durften bis auf die Priesterin der Demeter Chamyne den Spielen nicht zusehen. Die Wettkämpfe bestanden aus allen damals bekannten athletischen und hippischen (Pferdesport) Disziplinen, die zum Teil in verschiedenen Altersklassen stattfanden. Wettkämpferinnen gab es aber nicht. Nur bei den hippischen Agonen sind ebenso weibliche Renntstallbesitzerinnen zugelassen gewesen, weshalb in den Listen der Olympiasieger ab und an doch ein Frauenname auftaucht; denn es waren ja nie die Wagenlenker oder Reiter selbst, denen der Ölzweigkranz als Siegestrophäe zugesprochen wurde, sondern allein den Besitzern der Pferde. Viele Olympiasieger stellten anschließend zur fortdauernden Sicherung ihres Ruhmes Statuen von sich auf. Hinzu kamen zahllose andere Votive.

Während der Spiele herrschte offziell ein Götterfrieden. Kriege zu führen, war den Griechen in dieser Phase verboten. Das Heiligtum lockte wegen seines Reichtums zu allen Zeiten ungebetene Gäste an, die es zuweilen plünderten. Dies gilt auch für die Römer. Im 3. Jh. n. Chr. verbarrikadierte man den Heiligen Bezirk aus Angst vor den Herulern. Es ist aber auch ein Ort gewesen für Votivgaben aus aller Herren Länder. Die letzten antiken olympischen Spiele veranstaltete man 393 n. Chr. Nach der 291. Olympiade verbot Kaiser Theodosios sie endgültig. Das Heiligtum des Zeus diente bald als riesiger Steinbruch für eine dörfliche Siedlung, dessen Einwohner zum Teil seine Gebäude nutzten und dabei umfunktionierten. Aus einem großen Werkstattgebäude, in dem im 5 Jh. v. Chr. der Bildhauer Phidias das kolossale Goldelfenbeinkultbild des Zeus gefertigt hatte, wurde bspw. eine frühchristliche Kirche für die Dörfler, die hier zu Gottesdiensten zusammenkamen. Diese Epoche gerät wie die römisch-kaiserzeitliche zunehmend ins Interesse der vor Ort tätigen Wissenschaftler. Erdbeben und zahlreiche Überschwemmungen durch die beiden Flüsse Alpheios und Kladeos besiegelten schließlich gänzlich das Ende Olympias. In letzter Zeit wurde sogar die These aufgebracht, infolge sturzbachartiger Regenfälle sei eine regelrechte Tsunamiwelle über das Heiligtum hinweggefegt. Wie dem auch sei, spätere Reisende und die ersten Ausgräber fanden an diesem einstmals so prachtvollen Ort nichts mehr vor. Das, was die Zeiten übriggelassen haben, musste erst mühselig von meterhohen Abgelagerungsschichten befreit werden.

Als Geländemarkierung fungiert ein dem Kronos heiliger Hügel, unter dem sich südlich der Heilige Hain, die Altis, erstreckt. Heute führt vom modernen Olympia eine Straße direkt vor den Zaun des Ausgrabungsgeländes (Abb. 78). Von Olympia aus kommend liegt es rechts des Weges und links steht in gewisser Entfernung zur Fahrstraße das sog. Neue Museum. Das sog. Alte Museum (ein schöner klassizistischer Bau) wurde auf einer kleinen Erhebung näher bei der heutigen Siedlung errichtet und dient aktuell anderen Museumszwecken. Der Eingang befindet sich schrägt hinter dem Kronoshügel in dessen Nordwesten. Eine breite

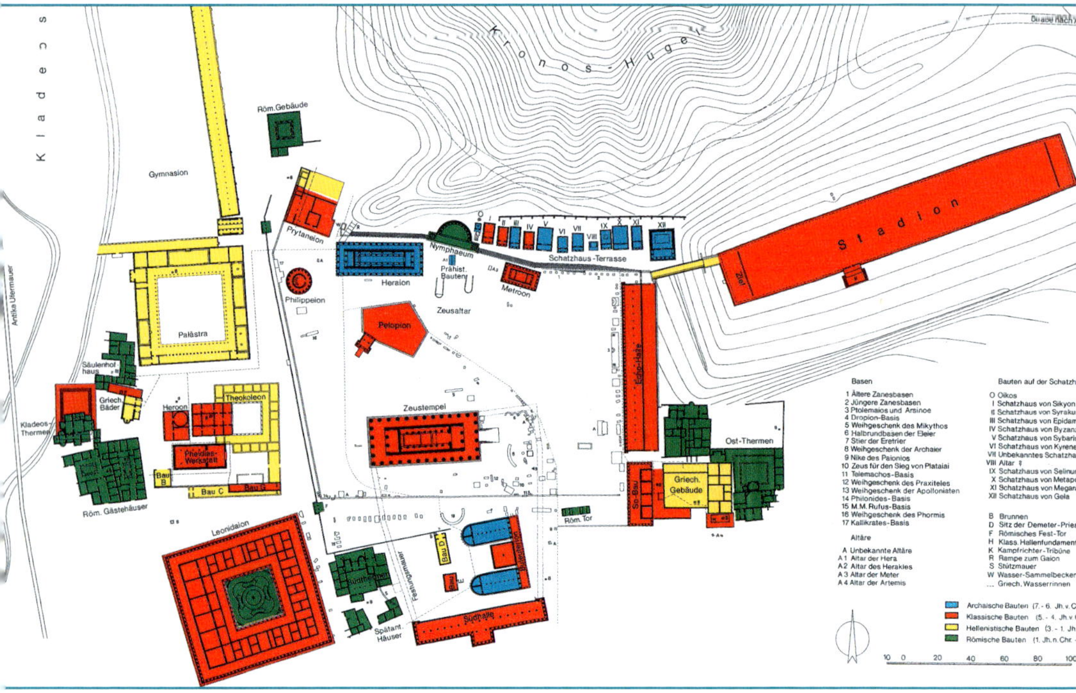

Abb. 78 Plan des Heiligtums von Olympia

Rampe fuhrt an seiner westlichen Seite direkt in die Altis hinunter. Man passiert dabei zunächst links ein römisches Thermengebäude und rechts das antike Gymnasion. Das neben der Therme zu erkennende Gebäude könnte das Amtslokal der Prytanen (Beamte) sein. Unterhalb von ihm erblickt man die Reste der Heiligtumsbegrenzung, die sich den weiteren Weg entlangzieht. Für den Rundgang sollte man sich zunächst dafür entscheiden, nach links in den Heiligen Bezirk einzutreten. Dort steht ein Rundbau (Tholos) aus dem späteren 4. Jh. v. Chr. Er ist das sog. Philippeion (Pausanias 5, 21, 9–10). Es beherbergte einst elfenbeinerne Statuen Philipps II., seiner Gattin Olympias und beider Sohn Alexander (Abb. 79). Das Monument war zum Zeitpunkt seiner Errichtung eine ungeheure Machtdemonstration der neuen makedonischen Herren Griechenlands. Von ihm aus sind es in östlicher Richtung nur wenige Schritte bis zu zwei Bereichen, die für die Geschichte des Heiligtums von zentraler Bedeutung sind. Rechter Hand liegt das Pelopion, das Heroon für Pelops. Es war in klassischer Zeit von Südwesten her über ein Propylon betretbar. Die in seiner Nähe (zum Teil unter ihm) entdeckten früheren Mauerzüge reichen bis in die Bronzezeit zurück. Offenbar hatten in historischer Zeit (10./9. Jh. v. Chr.) die Menschen an dieser Stelle älterer Häuser und eines Grabhügels angefangen, Votivgaben zu deponieren und Opfer darzubringen. Bis weit ins 8. und stellenweise sogar 7. Jh.

v. Chr. hinein dürfen wir uns die Altis als ein großes Freiluftheiligtum ohne festere Bebauung vorstellen. Die Gläubigen weihten zahllose tönerne und bronzene Figürchen. Die Reicheren stifteten große Bronzekessel (sog. Dreifüsse). Hinzu kamen Unmengen von Keramik. In früharchaischer Zeit (vielleicht schon in der geometrischen Epoche) hat es wahrscheinlich kleinere Gebäude aus Lehmziegeln und Holz gegeben. Bei den besseren von ihnen waren die witterungsanfälligen Wände mit großen flachen Bronzereliefs verkleidet. Von alldem ist an Ort und Stelle nichts zu sehen. Dafür füllen die frühen Votivgaben ganze Räume des Museums.

Abb. 79 Philippeion in Olympia

Der erste große Ringhallentempel wurde an der Wende vom 7. zum 6. Jh. v. Chr. neben dem Pelopion am Nordrand der Altis erbaut (Abb. 80). Er war der Hera geweiht. In der Cella stand aber auch ein Kultbild des Zeus (Pausanias 5, 17, 1). Am Bau lässt sich die Entwicklung der dorischen Tempelbaukunst gut studieren. Im Grundriss bewahrt er mit seinen 16 x 6 Säulen eine langgestreckte altertümliche Form. Die ersten Säulen müssen aus Holz gewesen sein. Pausanias (5, 16, 1) sah noch im rückwärtigen Raum (Opisthodom) eine letzte davon. Die anderen sind nach und nach durch steinerne ersetzt worden. Die älteren dorischen Kapitelle sind noch sehr flach und weit ausladend, die jüngeren dagegen sehr viel steiler und kompakter. Ein etwa um 600 v. Chr. zu da-

tierender Kalksteinkopf (Museum) galt lange Zeit als Rest des Kultbildes. Wegen seiner flachen Rückseite wurde aber auch vorgeschlagen, dass er aus dem Giebel stammt und wegen des Kopfputzes eine Sphinx darstellt. In der Cella und im Vorraum (Pronaos) standen viele Weihgeschenke, von denen Pausanias einiges erwähnt. U. a. nennt er einen Hermes mit dem Dionysosknaben von der Hand des Praxiteles (5, 17, 3). Groß war die Freude, als bei den Ausgrabungen im Heraion tatsächlich das Standbild beider Götter (Hermes hält den kleinen Dionysos im Arm) gefunden wurde (Museum; vgl. Abb. 84). Bis heute ist die Diskussion darüber nicht abgerissen, ob es sich hierbei tatsächlich um ein spätklassisches Original des weithin berühmten Praxiteles handelt, dessen Meisterwerk die Aphrodite der Knidier war, das die Göttin erstmals vollkommen nackt zeigte. Östlich vor dem Tempel stand der zugehörige Altar. Zusätzlich sind einige prähistorische Hausgrundrisse zu erkennen.
An der Nordostecke des Hera-Tempels schließt unmittelbar am Hügelhang ein großer Prunkbrunnen (gr. *nymphaion*; lat. *nymphaeum*) an, den Regilla, die Gattin des Herodes Atticus gestiftet hatte. Sie war zugleich Priesterin der Demeter Chamyne. In zwei Reihen sind hier neben anderem dekorativem Beiwerk (zwei kleinere Rundtempel links und rechts des Brunnenbeckens) in den Nischen einer großen Schaufassade Statuen der kaiserlichen Familie und von Angehörigen des Herodes Atticus platziert gewesen (Museum; vgl. Abb. 85).

Abb. 80 Tempel der Hera in Olympia

Das Nymphaeum des Herodes Atticus, wie es eigentlich falsch heißt, leitet zur sog. Schatzhausterrasse über. Hier hatten über einen längeren Zeitraum hin einzelne griechische Stadtstaaten (Sikyon, Syrakus, Epidamnos, Byzanz, Sybaris, Kyrene, Selinunt, Metapont, Megara, Gela), zu denen auffallend viele zum sog. Großgriechenland (Unteritalien und Sizilien) gehörten, kleine templartige Bauten errichten lassen, die zur Aufnahme kostbarer Weihgeschenke dienten. Von vielen der Bauten blieben Reste des tönernen als auch steinernen Bildschmucks übrig (Museum).
Unterhalb dieser Terrasse ist die aus Kleinasien stammende Göttermutter Meter in einem eigenen spätklassischen Tempelbau verehrt worden (Pausanias 5, 21, 9). Ab der Mitte des 1. Jhs. n. Chr. diente die Cella zusätzlich der Verehrung des iulisch-claudischen Kaiserhauses, wie zahlreiche Standbilder von Mitgliedern des Herrscherhauses bezeugen (Museum). Der Standort war perfekt gewählt, reklamierte diese Familie doch für sich, direkt vom troianischen Prinzen Aeneas abzustammen, in dessen alter Heimat am Berg Ida ausgerechnet die Meter hochverehrt wurde. Später kamen noch Statuen der Flavier hinzu. Vielleicht stand vor dem Tempel auf einer eigenen Basis ein kolossaler Augustus (Museum).
Weniger rühmlich motiviert waren die vor der Ostseite des Tempels unterhalb der Schatzhausterrasse aufgereihte lange Linie von Basen (Pausanias 5, 21, 2–18). Darauf mussten diejenigen Athleten, die beim Betrügen erwischt wurden, als Sühne Bronzestatuen des Zeus (sog. Zanes) aufstellen und damit für alle Zeiten zur Abschreckung anderer potentieller Missetäter ihre Schande öffentlich bekunden. Denn dies ist in der Tat ein höchst prominenter Standort gewesen, kamen hier doch alle Sportler und Zuschauer vorbei, die das Stadion betreten wollten, also praktisch alle, die sich irgendwann in Olympia aufhielten.
Die Ostseite der Altis ist seit spätklassischer Zeit durch eine lange Stoa, die sog. Echo-Halle (Fertigstellung im 1. Jh. v. Chr.), begrenzt worden. Etwa in ihrer Mitte erhob sich vor ihr auf einer eigenen langen Basis ein aufwändiges Monument, das sog. Ptolemaier-Weihgeschenk aus dem frühen 3. Jh. v. Chr. Es bestand aus zwei hochaufragenden Säulen mit jeweils einem Standbild Ptolemaios II. (reg. 285–246 v. Chr.) bzw. seiner Schwestergemahlin Arsinoe II. (gest. 270/268 v. Chr.) aus dem in Alexandria herrschenden Königshaus der Ptolemaier (benannt nach Ptolemaios, einem General Alexanders des Großen).
Das Königspaar tat gut daran, sich so erheben zu lassen. Denn schon seit archaischer Zeit füllte sich das gesamte Heiligtum zusehends mit Standbildern siegreicher Athleten sowie anderen Statuen. Die entsprechend lange Aufzählung des Pausanias (5, 22, 1–27, 12; 6, 1, 1–18, 7), der beileibe nicht alles nennt und nur eine Auswahl präsentiert, lässt den Figurenwald erahnen, der sich ehedem über die gesamte Altis erstreckte. So ganz zufällig ist die jeweilige Standortwahl aber nicht gewesen. Forschun-

gen haben gezeigt, dass sich regelrechte regionale Cluster gebildet hatten, d. h. man achtete darauf, in welcher Nähe man zu sehen war. Von dieser Fülle künden heute noch die zahlreichen im Gelände verstreut liegenden Basen. Sie wurden allesamt ihres einstigen Schmucks beraubt. Die Statuen, die vielfach aus Bronze bestanden, sind in nachantiker Zeit in der Regel eingeschmolzen worden. Besonders prestigeträchtige Figurenstiftungen standen direkt vor der Ostfront des Zeus-Tempels. Pausanias beschreibt diese recht ausführlich. Unter ihnen ragte buchstäblich das Votiv der Messenier und Naupaktier heraus (Pausanias 5, 26, 1). Diese hatten anlässlich ihres sensationellen Sieges über die Spartaner einen hohen dreickigen Pfeiler dem Zeus gestiftet, auf welchem eine marmorne Siegesgöttin (Nike) gleichsam herabschwebte. Paionios von Mende schuf dieses Meisterwerk im letzten Viertel des 5. Jhs. v. Chr. (Museum; vgl. Abb. 83).

Im südwestlichen Teil des inneren Heiligen Bezirks erhob sich seit den 470/460er Jahren der große Tempel für Zeus. Dieser Ringhallenbau besaß 6 x 13 dorische Säulen. In der Cella befand sich das goldelfenbeinerne kolossale Sitzbild des Gottes (Pausanias 5, 11, 1–10). Geschaffen hatte es der Athener Bildhauer Phidias, der in der Antike als größter Götterbildner überhaupt galt. So hieß es, er habe dem homerischen Zeus wahrhaft Gestalt verliehen, und wer dieses Kultbild je sah, könne nie wieder in seinem Leben vollständig unglücklich werden. Kaiser Konstantin ließ es an den Bosporus in seine neue Hauptstadt Konstaninopel abtransportieren, wo es bei einem der späteren Stadtbrände vollständig vernichtet worden ist. Zeus saß auf einem mit weiteren Figuren reich geschmückten Thron. Seine Füße ruhten auf einer Basis, die ebenfalls mit Reliefs verziert war. Um das Kultbild herum standen steinerne Schranken, in denen Gemälde eingelassen waren. Dahinter erstreckte sich ein kleiner ‚See' aus Öl, der verhindern sollte, dass das Elfenbein zu stark austrocknete und Risse bekam. Im 2. Jh. v. Chr. musste es freilich dennoch restauriert werden, wozu der Bildhauer Damophon von Messene engagiert wurde (siehe 40 Lykosoura). Ohne die Schilderung des Pausanias wüssten wir so gut wie nichts von diesem einstigen Weltwunder. Die hadrianischen Münzen aus Elis geben das Kultbild nur sehr unzureichend wieder. Der Tempel besaß sowohl an der Ost- als auch Westfront Figurengiebel. Die Ausgräber konnten die Statuen noch in Sturzlage auffinden. Der gesamte Bau ist in der Spätantike durch ein schweres Erdbeben zerstört worden, worauf auch die Fallrichtung der Säulen hindeutet. Im Ostgiebel war die Wettfahrt zwischen Oinomaos und Pelops, genauer gesagt der Zeitpunkt vor dem Start, und im Westgiebel der Kampf der Lapithen gegen die Kentauren im Beisein des attischen Helden Theseus dargestellt (Museum). Die jeweilige Mitte der Komposition nahm ein Gott ein (im Osten Zeus, im Westen Apollon). Innerhalb (nicht außer-

Abb. 81 Stadion in Olympia

halb!) des Säulenumgangs waren einige Metopenfelder mit Reliefs geschmückt, die die zwölf kanonischen Taten des Herakles zeigten (Museum). Das Bildprogramm weist einerseits lokale Bezüge auf (Ostgiebel), stellt andererseits einen Zeussohn (Herakles) ins Zentrum, der in der gesamten griechischen Adelswelt als nachahmenswertes Vorbild ruhmvollen Handelns galt, mit dem man(n) sich gern identifizierte. Darüber hinaus wurde mit dem Kentaurenkampf gutes und schlechtes Verhalten, d. h. die Übertretung sakralen Rechts (in diesem Fall des Gastrechtes) durch die Kentauren und die Sanktionierung dieses Fevels mit göttlicher Hilfe thematisiert, wie es nicht passender für ein Heiligtum sein konnte, das wesentlich von der strengen Beachtung althergebrachter Normen lebte.
Um diese eigentliche Altis gruppierten sich weitere Komplexe, die in der Regel Infrastrukturbauten gewesen sind. Zwischen Schatzhausterrasse und Echo-Halle lag der Zugang zum Stadion. Er führte unter einem Bogengang direkt auf die Lauffläche. Die Zuschauerränge befanden sich an den natürlichen Hängen (Abb. 81). Auf der linken Langseite ist der Altar für Demeter Chamyne und auf der rechten der Bezirk für die Hellanodiken (Schiedsrichter) zu erkennen. Wo das Hippodrom lag, ist ein altes immer noch nicht gelöstes Rätsel, wahrscheinlich hinter dem Stadion.
An der Südostecke der Altis stehen der sog. Südostbau und dahinter ein römisches Gästehaus. Entlang der Südseite erstrecken sich von Ost nach West ein Odeion, ein Bogenmonument, ein größeres Rathaus (Bouleuterion), dahinter die sog. Südhalle und dann an der Südwestecke weitere römische Bauten. Diesen gegenüber befindet sich der Platz des sog. Leonidaions, wahrscheinlich eines spätklassischen Gästehauses, dessen

Räume um einen säulenumstandenen Hof herumlagen. Von hier geht man in nördlicher Richtung auf weitere Gebäudekomplexe an der Westseite des Ausgrabungsareals zu, an deren rechter westlicher Seite der Kladeos entlangfließt. Hier liegen die in der Spätantike in eine Kirche umgewandelte Werkstatt des Phidias, römische Gästehäuser, die sog. Kladeos-Thermen, griechische Bäder, ein Gebäude nicht ganz klarer Funktion und direkt am Hauptlaufweg ein Bau, der als Priesterwohnung (sog. Theokoleon) interpretiert wird. Nördlich davon ist eine große von Säulenhallen mit angrenzenden Räumen eingefasste, nahezu quadratische Platzanlage (Palaistra) zu erkennen, die die Athleten sicherlich zu Übungszwecken nutzten. An sie grenzt das zugehörige Gymnasion. Damit ist wieder der Rampenweg vom Anfang des Rundgangs erreicht, auf dem man jetzt in allerdings umgekehrter Richtung, diesmal nach Norden hinauf zum Ausgang geht. Ist dieser und damit die daran vorbeiführende moderne Fahrstraße erreicht, kann selbige überquert und anschließend in nördlicher Richtung zum Museum von Olympia weitergegangen werden. Die Architektur dieses Gebäudes erleichtert den Besuchern die Orientierung und ermöglicht ihm einen weitgehend chronologisch geordneten Rundgang durch mehr als 1.000 Jahre Kultgeschichte und Weihgeschenkpraxis im olympischen Heiligtum des Zeus.

Im Foyer kann man zunächst ein großes Modell der Altis mit ihren Bauten und sonstigen Monumenten näher betrachten und dabei den eigenen Rundgang nochmals Revue passieren lassen. Das Foyer führt direkt

Abb. 82 Mittelgruppe des Westgiebels mit Apollon

links Abb. 83
Nike des Paionios

rechts Abb. 84
Hermes von Olympia

auf den Mittelsaal zu, der der Präsentation der Skulpturen des Zeus-Tempels gewidmet ist. Vom Eingang aus gesehen steht links der Ostgiebel (vgl. Abb. 1) und rechts der Westgiebel (Abb. 82).
Der Rundgang sollte aber besser links vom Foyer mit dem Durchschreiten der äußeren Räume an der linken Seite des Museumsgebäudes begonnen werden. Wer durch sie hindurchwandert, wird auf eine Zeitreise mitgenommen. Er kann zunächst die frühen Votive studieren: Gefäße, tönerne als auch bronzene menschliche und tierische Figuren, geometrische Bronzedreifüße des 8. Jhs. v. Chr., importierte orientalische Bronzegreifenkessel des 7. Jhs. v. Chr. und deren griechische Nachahmungen, Bronzebleche (ein größeres mit der Darstellung einer ihr Junges säugenden Greifin könnte die Wandverkleidung eines Gebäudes gewesen sein), bronzene Gerätschaften, archaische Bronzefiguren (6. Jh. v. Chr.) von den Henkeln bzw. Mündungsrändern größerer heute verlorener Gefäße, dazu Reste tönernen und steinernen Bauschmucks, darunter den sog. Kopf der Hera (um 600 v. Chr.) vom Hera-Tempel sowie den Giebel des Schatzhauses von Megara. Im mittleren Saal am Kopfende des Museums sind neben anderen Objekten eine tönerne Gruppe ausgestellt, die auf der Giebelmitte eines kleineren Gebäudes (Schatzhaus?) als sog. Akroter

stand. Sie zeigt Zeus, wie er den Knaben Ganymedes, seinen künftigen Mundschenk auf den Olymp entführt. Zu sehen ist ferner ein bronzenes Pferd, das von einer Viergespannweihung stammt, und ein Helm aus der Perserbeute mit der Weihinschrift des athenischen Strategen Miltiades, der 490 v. Chr. die Schlacht von Marathon gewann. In einem eigenen Annex wird eines der Prunkstücke des Museums präsentiert, die Nike des Paionios (Abb. 83). Im Anschluss erreicht man die vom Museumshaupteingang aus gesehen rechte Seite des Gebäudes (in Laufrichtung ist es jetzt die linke). Im ersten Raum sind die Funde aus der Werkstatt des Phidias untergebracht (Keramik, ein Trinkbecher mit der griechischen Aufschrift ‚ich bin bzw. gehöre dem Phidias', Matritzen für gläserne Einlagen u. a.). Von hier führt der Weg in einen separaten kleinen Saal, in dem allein mit weitem Sicherheitsabstand der nach den Maßstäben des 19. Jhs. wichtigste Fund der frühen Grabungen isoliert ist, der Hermes des Praxiteles (Abb. 84). Die Figur kann wunderbar auf allen Seiten umschritten werden und sich hierbei jeder ein eigenes Urteil über die bildhauerische Qualität der Statue bilden. Auf die Nähe nimmt man erst den Kontrast zwischen hoch- und weniger polierten Partien wahr und erkennt im Haar die Farbreste. Die weiteren Räume an der Langseite beherbergen Skulpturen hellenistischer und römischer Zeit. Ausgestellt sind auch stark zerdrückte Fragmente bronzener Standbilder. V. a. aber stehen dort die römischen Statuen aus dem Metroon und dem Nymphäum des Herodes Atticus (Abb. 85). Am Ende dieses Gebäudetrakts wird wieder das Foyer mit dem Aus- bzw. Eingang erreicht. Wer Zeit und Lust hat, kann anschließend im Vorhof des Museums weitere marmorne Skulpturenreste betrachten (u. a. kolossaler Augustustorso). Rechts geht es in Richtung modernes Olympia.

Abb. 85 Stier mit Weihinschrift der Regilla aus dem Nymphäum

Das auf einem Hügel liegende Aigeira hieß eigentlich Hyperesia. Nachdem jedoch Ziegen die Stadt vor auswärtigen Feinden gerettet hatten, wurde sie kurzerhand aus Dankbarkeit den Tieren (gr. *aiges* = Ziegen) gegenüber umbenannt.

35 AIGEIRA – STADT DER FACKELTRAGENDEN ZIEGEN

Aigeira (modern Egira, in der Nähe der Küstenstadt Egio) hat außer seiner reizvollen Umbenennungsgeschichte durchaus auch archäologisch etwas zu bieten. Pausanias erwähnt den alten Namen und sagt der neue sei infolge eines kriegerischen Ereignisses entstanden. Als die Sikyonier die Stadt belagerten, hätten die Einwohner allen Ziegen, denen sie habhaft werden konnten, des Nachts brennende Fackeln an die Hörner gebunden, worauf die Angreifer glaubten, es kämen zahlreiche Bundesgenossen zu Hilfe, was sie zum Abbruch der Belagerung veranlasste (7, 26, 2–3). Besiedelt war Aigeira vom 6. Jt. v. Chr. bis ins Mittelalter. Österreichische Archäologen forschen hier. Am Ende des 13. Jhs. v. Chr. ließen sich auf der Akropolis spätmykenische Siedler nieder. Die um 1200 v. Chr. gegründete Siedlung bestand gut 150 Jahre. Gegen 1150 v. Chr. wurde sie durch Brand zerstört. Man verließ das Areal danach aber nicht, sondern baute über dem Schutt erneut und legte sogar eine massive Festungsmauer an. Dies ist so für die Peloponnes bislang noch kein zweites Mal nachgewiesen worden. Die Aufgabe von Aigeira erfolgte erst im Laufe des 11. Jhs. v. Chr. Um die Mitte des 8. Jhs. v. Chr. kamen erneut Menschen hierher, die auf der Akropolis ein Heiligtum gründeten. Reste eines hier gefundenen korinthischen Tondaches dürfte von einem spätarchaischen Tempel stammen. Die sichtbare Befestigungsmauer, in die antike Bauglieder eingefügt worden sind, stammt allerdings erst aus dem Mittelalter (12. Jh.).

Unterhalb der Akropolis liegen die Reste der spätklassischen und hellenistischen Stadt Aigeira. Die österreichischen Archäologen entdeckten auf einer Terrasse unmittelbar nördlich unterhalb des Burgbergs die Reste eines mit seiner Fläche von beinahe 1.000 m^2 sehr großen Baukomplexes, der in der Mitte des 4. Jhs. v. Chr. errichtet und bis ins 1. Jh. v. Chr. genutzt wurde. Er besaß einen Mosaikfußboden und könnte ein Gästehaus für auswärtige Gesandtschaften (?) gewesen sein. In ihm fand man einen 600 Silbermünzen umfassenden Schatz, der vermutlich versteckt worden ist, als die Aitoler Aigeira im Jahr 219 v. Chr. überfielen.

Abb. 86 Theater von Aigeira

Rechts: Fluss Tanos in der Nähe des Hafens von Paralio Astros, Arkadien

Aus dem 3. Jh. v. Chr. stammen weitere öffentliche Bauten, zu denen eine Wasserleitung und insbesondere der 3 km lange Befestigungsring zählen. Zudem errichteten die Einwohner Aigeiras ab der Mitte des 3. Jhs. v. Chr. und im 2. Jh. v. Chr. in der Nähe des Theaters mehrere Kultgebäude. Hierzu gehörten ein Ringhallentempel und wenigstens fünf kleinere Naiskosbauten, die zum Teil viersäulige dorische bzw. ionische Vorhallen besitzen. In vielen stehen noch die Kultbildbasen. Eine Reihe gemauerter Wasserbecken, die mit Rinnen untereinander verbunden waren, könnte für rituelle Waschungen genutzt worden sein. Das Theater ist samt Bühnengebäude aus dem Felsen geschlagen worden (Abb. 86). Der gesamte Bezirk scheint in der Spätantike (4.–5. Jh. n. Chr.) einem tiefgreifenden Wandel unterworfen gewesen zu sein. Funde belegen eine Nutzung der einstigen öffentlichen Bauten und Heiligtümer als Werkstätten. Als weitere Aufgabe haben die österreichischen Archäologen sich vorgenommen, künftig die Wohnbebauung Aigeiras näher zu untersuchen. Die Siedlung umfasste immerhin ein Gelände von 50 ha.

Pausanias erwähnt einige Denkmäler, die heute nicht mehr vorhanden sind. So berichtet er von Heiligtümern der Artemis Agrotera und des Zeus. Im letzteren gab es ein Sitzbild des Gottes aus pentelischem Marmor von der Hand des Atheners Eukleides (der Kopf wurde bei älteren Grabungen gefunden) sowie eine bemalte und vergoldete Holzstatue der Athena mit Gesicht, Füßen sowie Händen aus Elfenbein (7, 26, 3–5). Ferner erwähnt er ein Apollonheiligtum (7, 26, 6) und seine bildliche Ausstattung (Giebelfiguren, Kultbild) sowie weitere Heilige Bezirke (Asklepios, Serapis und Isis, Ourania, Dea Syria) und ein Gebäude, in dem u.a. die Statue der Schicksalsgöttin Tyche mit dem Horn der Amaltheia und daneben ein geflügelter Eros standen (7, 26, 8–9).

ARKADIEN – SEHNSUCHTSLAND DER DICHTER UND AUFKLÄRER

Schon die antiken Dichter träumten wie Vergil von einem unbeschwerten Hirtenleben. Zur Zeit der europäischen Aufklärung wurde Arkadien endgültig zum Sehnsuchtsland und das Schlagwort von Et in Arcadia Ego (auch ich in Arkadien) eines Goethe machte allenthalben die Runde. Tatsächlich galt Arkadien in der Antike als ausgesprochen ländliche und rückständige Region. Die vom Meer abgeschiedene Lage und die hohen Gebirgszüge ließen einerseits keinen regen interkulturellen Austausch zu, boten andererseits natürlichen Schutz. Die Unzugänglichkeit vieler Landstriche verhinderte zudem vielerorts das Entstehen einer städtischen Kultur. Vielmehr dominierten ländliche Siedlungen das Erscheinungsbild. Arkadien ist noch heute die wasserreichste und grünste Landschaft Griechenlands. Es war im Altertum darüber hinaus für seine typisch ländlich-bäuerlichen Artemis- und Pan-Kulte bekannt. Erst in klassischer Zeit begann sich etwas an dieser Situation zu ändern. An den Rändern der landwirtschaftlich recht ertragreichen Ebenen entstanden größere Städte wie Mantineia, Megalopolis, Orchomenos und Tegea bzw. wurden neu gestaltet.

Es war v. a. das Heiligtum der gern in der Einsamkeit der Berg und Wälder umherstreifenden Göttin, die laut Pausanias (8, 19, 8) vor Ort den Beinamen Hemerasia (die Milde) trug, das die Menschen in diese Region lockte. Mit Kleitor und Lousoi gab es zudem zwei städtische Siedlungen. In römischer Zeit war das jedoch bereits weitgehend Geschichte.

36 LOUSOI UND KLEITOR – EIN LIEBLINGSPLATZ DER MILDEN ARTEMIS

ARKADIEN

Wie Leontinon lag Lousoi in einem Grenzgebiet. Der einheimische arkadische Stamm der Azaner siedelte in einer Gegend zwischen den Landschaften Achaia und der Korinthia. Lousoi wurde in knapp 1.000 m Höhe auf Terrassen am Ostrand der von Gebirgsketten umgebenen Soudena-Hochebene angelegt (Abb. 87). Das Heiligtum der Artemis Hemerasia (auch Hemera = Tag) erstreckte sich an einem Felsabbruch auf einem Plateau. Die dort gefundenen Weihgeschenkreste bezeugen einen kontinuierlichen Kultbetrieb vom 8. Jh. v. Chr. bis ins 1. Jh. n. Chr. Pausanias spricht davon, dass zu seiner Zeit von der Stadt nicht einmal mehr Ruinen übrig gewesen seien (8, 19, 8). Die Blütezeit des Heiligtums war eindeutig die hellenistische Epoche. Erst damals wurden dort ein teilweise marmorner Tempel mit dorischen Säulen sowie weitere Gebäude errichtet. Die Wettspiele für die Göttin scheinen weit über die Region hinaus bekannt gewesen zu sein. Größere Gruppen von Festteilnehmern muss es freilich bereits in geometrischer Zeit gegeben haben. So konnte etwa 1 km südwestlich eine Art Platz für Opfer und gemeinsame Kultmahlzeiten entdeckt werden. In früharchaischer Zeit standen hier zwei apsidiale Gebäude. Es folgte ein spätarchaischer Kultbau sowie im Hellenismus ein Ringhallentempel, der offenbar bewusst altertümliche Züge aufwies. Neben diesem Areal muss sich die Agora der Stadt befunden haben. Einen größeren Aufschwung nahm Lousoi in hellenistischer Zeit, worauf auch die in diese Epoche zu datierenden Tempelbauaktivitäten hindeuten. Es entstanden öffentliche Gebäude und zahlreiche Wohnhäuser. Die Agora erhielt an ihrer Westseite in der Mitte des 2. Jhs. v. Chr. eine zweischiffige Halle als Begrenzungsbau. Die österreichischen Archäologen untersuchten ferner näher zwei besser ausgestattete hellenistische Wohnhäuser im ansteigenden nördlichen Stadtgebiet. Wie Pausanias zu seiner rigiden Einschätzung gelangte, muss ein Rätsel bleiben, da Funde durchaus eine Besiedlung bis in die Spätantike hinein belegen. Zwei Gräber des 5. und 6. Jhs. erhielten sogar reiche Beigaben.

Von dem weiter westlich gegründeten Kleitor (4 km westlich des heutigen Kato Klitoria), das im 6. sowie 5. Jh. v. Chr. eine gewisse Vormachtstellung in Nordarkadien ausübte und in römischer Zeit wohl die Kontrolle über Lousoi erlangt hatte, ist archäologisch nur wenig bekannt. Am bekanntesten ist noch das Relief mit der Darstellung des Historikers Polybios, der im 2. Jh. v. Chr. in Rom als politische Geisel lebte und dort sein Geschichtswerk schrieb, das den Griechen erklären wollte, wie es der Stadt am Tiber gelang, die Weltherrschaft zu erobern. Das Relief wurde in byzantinischer Zeit in ein Grab verbaut und ist heute im Rathaus von Kato Klitoria untergebracht. Ansonsten blieben nur Teile einer spätklassischen oder frühhellenistischen Befestigung sowie die kümmerlichen Reste eines Theaters erhalten (Mulde in einem Hügel innerhalb des Stadtgebietes). Die von Pausanias (8, 21, 3–4) genannten Heiligtümer für Demeter, Asklepios und Eileithyia in der Stadt, das außerhalb der Stadt für die hier Große Götter genannten Dioskuren sowie das noch weiter entfernte, auf einem Berggipfel liegende für Athena Koria sind gänzlich unbekannt.

Abb. 87 Lousoi

Freunde antiker Theaterbauten kommen auch in diesen beiden Städten auf ihre Kosten. Ansonsten blieb von ihnen nur wenig. Beide Siedlungen sind Teil des Bemühens der bis dahin recht rustikal lebenden Arkader, im späteren 4. Jh. v. Chr. Anschluss an das feinere urbane Leben der übrigen Griechen zu finden. In Orchomenos wurde ein geheimnisvolles Götterbild verehrt.

37 ORCHOMENOS UND MANTINEA – HAUPTSACHE THEATER

ARKADIEN

Orchomenos ist nicht nur der Name einer antiken 750 m hochliegenden Siedlung, sondern auch eines modernen Dorfes am Fuß des Menalo-Gebirges. Letzteres befindet sich westlich der Straße Levidi/Kandila. Unterhalb des Ortes weist ein Schild auf einen Weg hin, auf dem man zu einer kleinen Kapelle gelangt, an deren Front reich dekorierte Reliefplatten einer frühchristlichen Basilika des 6. Jhs. n. Chr. eingefügt sind. Das antike Orchomenos liegt dagegen 1 km weiter nördlich auf einem kegelförmigen Berg am Rande einer fast rundum abgeschlossenen Hochebene. Reste einer wassertechnischen Anlage (Damm?) aus mykenischer Zeit am Nordabhang seitlich der Straße nach Kandila belegen eine erste Besiedlung bereits in der Späten Bronzezeit. Ein befahrbarer Weg führt auf den Hügel, wo die Reste der spätklassischen/frühhellenistischen Stadt mit ihren gut erkennbaren Terrassen liegen. Er endet direkt am hellenistischen Theater, dessen erste Reihe (Prohedrie) einstmals besonders ausgearbeitet war (Abb. 88). Sie besaß fein gestaltete Ehrensitze. Wenige Schritte oberhalb des Baus lassen sich die Fundamente zweier Säulenhallen und eines hellenistischen Tempels erkennen, der vier dorische Frontsäulen besaß. Pausanias (8, 13, 2–3) sah in Orchomenos noch Reste der Agora und der Mauern der alten Stadt; unterhalb davon liege die neue Polis. Als sehenswert erschienen ihm eine Quelle und Heiligtümer für Aphrodite und Poseidon mit Kultstatuen aus Marmor. Besonders bemerkenswert findet er ein Holzbild der Artemis, das sich bei der Stadt befände. Die Göttin trug hier den Beinamen Kedreatis (Zeder). Abschließend erwähnt er noch Steinhaufen, unter denen Gefallene lägen.

In der Hochebene von Mantineia gab es seit alters her ertragreiches Ackerland, was die Gegend entsprechend begehrt machte. Pausanias referiert die Geschichte Mantineias ausführlich (8, 8, 4–12). Der namengebende Heros Mantineus, Sohn des Lykaon, soll die Stadt gegründet haben. Lange Zeit dominierte hier Sparta. Nach der verheerenden Nie-

Abb. 88 Theater von Orchomenos

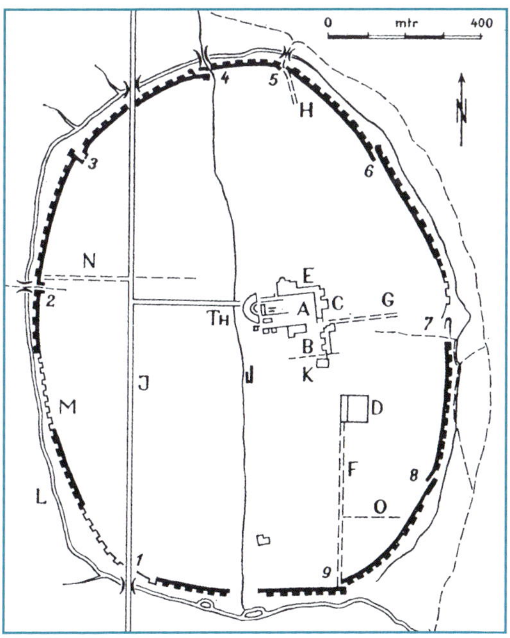

Abb. 89 Plan von Mantineia

derlage der Spartaner 371 v. Chr. in der Schlacht bei Leuktra wurde Mantineia neu gegründet. In hellenistischer Zeit erhielt sie einen neuen Namen. Fortan hieß sie nach dem makedonischen König Antigonos III. Doson (reg. 227–221 v. Chr.) Antigoneia, bis Kaiser Hadrian (reg. 117–138 n. Chr.) die Rückbenennung in Mantineia befahl.
Das antike Siedlungsgelände wird durch eine moderne Straße komplett durchschnitten (Abb. 89). Der fast kreisrunde Befestigungsring aus dem 4. Jh. v. Chr., dessen Mauern eine Stärke von 4,5 bis 5 m aufweisen, ist gut zu erkennen. Er besaß einst 100 Türme, die in dichtem Abstand zueinander die Anlage verstärkten. Es sind jeweils nur die unteren Quadermauerschichten erhalten. Das sich ehemals darübererhebende Lehmziegelmauerwerk ist hingegen vollständig verloren. Von der Straße gelangt man auf einem kurzen Fußweg direkt zum Stadtzentrum mit der Agora (Abb. 89 A). Sie war gerahmt von kleineren Tempeln und Altären sowie einer Halle (Stoa) und einem Rathaus (Bouleuterion). Der Komplex war auf das Theater ausgerichtet (Abb. 89 Th). Für dieses schütteten die Mantineier extra einen künstlichen Hügel auf, in den die Zuschauerränge anschließend eingetieft worden sind. Polygonale Mauern an der Rück- und den Seitenwänden stützten den Bau und verhindern ein nachträgliches Abrutschen der aufgeschütteten Erde. Hinter dem Theater lag das Heiligtum der Aphrodite Symmachia (die Beistehende), das zur Erinnerung an die Seeschlacht von Actium errichtet worden war, in der im Jahr 31 v. Chr. der spätere Kaiser Augustus seinen Konkurrenten Marcus Antonius und dessen Geliebte, die berühmte Kleopatra besiegt hatte. In 2 km Entfernung weist ein Schild auf das Heiligtum des Poseidon Hippios hin, von dem aber kaum nennenswerte Reste blieben. Es lag nach Pausanias an den Ausläufern des Berges nicht unweit vom Stadion. Er selbst habe es aber nicht besucht (8, 10, 1). Gegenüber dem Heiligen Bezirk stand ein steinernes Denkmal für den Sieg über die Spartaner (8, 10, 5). Zu Pausanias Zeiten gehörte in Mantineia zu den Hauptsehenswürdigkeiten der Stadt ein Doppeltempel, den eine Mauer in der Mitte teilte. In der einen Hälfte stand ein Kultbild des Asklepios von der Hand des Phidias-Schülers Alkamenes (430er Jahre v. Chr.) und für die andere Hälfte, in der Leto verehrt wurde, hatte Praxiteles nach der Mitte des 4. Jhs. v. Chr. Statuen der Göttin sowie ihrer göttlichen Zwillinge Artemis und Apollon gefertigt. Zu diesen gehörte eine Basis, auf denen laut Pausanias die Musen und der flötenblasende Marsyas zu sehen seien (8, 9, 1). Sie blieb tatsächlich erhalten und kann heute im Athener Nationalmuseum näher betrachtet werden. Der römische Reiseschriftsteller erwähnt dann noch weitere Tempel und Denkmäler, die sich jedoch nicht genau lokalisieren lassen, darunter einen für Antinoos sowie an einem anderen Ort noch eine Statue dieses Lieblings Kaiser Hadrians (8, 9, 2–8).

Besucher des Heraions von Argos erinnern sich an die arme Priesterin Chryseïs, die die Zerstörung des dortigen Tempels durch Feuer zu verantworten hatte. Sie suchte ihr Heil in der Flucht und bat in Tegea im Heiligtum der Athena Alea um Asyl, das ihr auch gewährt wurde, war aber dann nicht auch noch am 395 v. Chr. erfolgten Brand des hiesigen Athena-Tempels schuld, der nach 362 v. Chr. prachtvoll neu erstand.

38 TEGEA – ASYL EINER UNACHTSAMEN PRIESTERIN

Vom geographischen Mittelpunkt der Peloponnes, der Stadt Tripoli(s), die ein wichtiger Verkehrsknotenpunkt ist und unweit ihrer Platia an der Odos Spileopoulou ein eigenes Archäologisches Museum besitzt, kann in südöstlicher Richtung der moderne Ort Tegea erreicht werden, in dessen Mitte das Ausgrabungsareal mit dem Athena-Tempel liegt. Die Stadt wurde nach Tegeates, dem Sohn des Lykaon benannt. Der Beiname der Göttin lautete Alea, weil der Heros Aleos der Athena das alte Heiligtum erbaut haben soll (Pausanias 8, 45, 1. 4). Dieses brannte im Jahr 395 v. Chr. ab und wurde nach 362 v. Chr. durch einen Neubau ersetzt, der wohl aus der Spartanerbeute finanziert worden ist. Das genaue Zerstörungsdatum erfahren wir wiederum von Pausanias (8, 45, 4), der den Tempel und v. a. seinen Giebelschmuck ausführlicher beschreibt (8, 45, 5–7). Dabei gelangt er zur Einschätzung, der Bau habe alle peloponnesischen Tempel bei weitem an Ausstattung und Größe überragt. Zugleicht erwähnt er dorische, ionische und korinthische Säulen. Als Baumeister nennt er Skopas aus Athen, der auch als Bildhauer bekannt war. So gehörte er zu den spätklassischen Meistern, die in Halikarnassos die Figurenreliefs des Grabmals des Königs Maussollos schufen. In Tegea scheint er auch für den Giebelschmuck, von dem Teile erhalten blieben (lokales Museum und Archäologisches Nationalmuseum in Athen), verantwortlich gewesen zu sein, als deren Themen Pausanias für die östliche Seite die kalydonische Eberjagd (er identifiziert sogar alle dargestellten Personen) und für die westliche den Kampf des Telephos gegen den Achilleus nennt. Vom alten Kultbild der Athena Alea und den im Tempel aufbewahrten Hauern des kalydonischen Ebers erwähnt er, Kaiser Augustus habe beides mitgenommen (8, 46, 1).

Der Stufenbau des Tempels ist im Gelände gut zu erkennen (Abb. 90). Um ihn herum liegen zahlreiche Säulentrommeln und Kapitelle aus ursprünglich weißem Marmor, die heute von einer dunklen Patinaschicht überzogen sind. Der Tempel besaß 6 x 14 Säulen. Die Cella war sehr groß

Abb. 90 Tempel der Athena Alea in Tegea

und mit umlaufenden, übereinander angebrachten ionischen und korinthischen Halbsäulen sowie farbigen Ornamentfriesen versehen. Eine breite Tür im Osten sowie ein zusätzlicher Eingang an der nördlichen Langseite ließen ausreichend Licht in den Raum. Die Fundamente des zugehörigen Altars werden weitgehend vom Pflaster des Vorplatzes der östlich vom Tempel erbauten späteren Kirche verdeckt.

Bei der Ausgrabungsstätte gibt es ein kleines Museum mit Inschriftenstelen und einigen Fragmenten der Bauplastik sowie einzelner Bauglieder des Tempels, ferner Funde aus dem hellenistischen Theater von Tegea und den nahebei liegenden Kultbezirken (Hermenpfeiler; späthellenistische und kaiserzeitliche Votivstatuen des Asklepios).

Von der zum Heiligtum gehörenden Stadt blieben im etwa 2 km entfernten Nachbardorf Stadio in einem Park unter und neben der dortigen Kirche, die antike Spolien (Wandblöcke und Friese) aufweist, die Reste eines Theaters aus hellenistischer Zeit sowie Teile der Agora erhalten. Weiter hinten im Park liegen die Reste einer römischen Kaiserkultstätte und ein römisches Mosaik. Von der Stadtmauer Tegeas künden vereinzelt nur noch sehr wenige Reste.

Auf halbem Weg zwischen Tripoli und Megalopoli beim Dorf Asea oberhalb der Landstraße liegen auf einem Felsen die hellenistischen Befestigungsmauern der antiken Siedlung Asea sowie auf dem Akropolisplateau auch Reste hellenistischer Häuser und geringe Spuren einer prähistorischen Besiedlung des 3. Jts. v. Chr.

Ihr Name ist Programm. Eine große Stadt wollte der thebanische Feldherr Epameinondas am Ufer des Helisson nach seinem grandiosen Sieg gegen die Sartaner errichten. Diese *megalé polis* entstand durch die Zusammenlegung von gut 40 älteren Siedlungen und wurde dazu bestimmt, das neue Zentrum der Arkader und ihres neugegründeten Kampfbundes zu sein. Zugleich war sie der Geburtsort des griechischen Historikers Polybios, ohne den wir viel weniger über die antike Geschichte wüssten.

39 MEGALOPOLIS – DIE GROSSE STADT

Reisende finden die Ruinen der antiken Siedlung 2 km nördlich des modernen Ortes an der Strecke nach Karitena (Abb. 91). Im Gegensatz zu anderen Städten ist die ehedem 8 km lange Befestigungsmauer kaum noch zu erkennen. Südlich des Helisson-Baches führt ein ausgeschilderter Weg zum Theater (Abb. 92) aus dem 4. Jh. v. Chr., das im Altertum Platz für 20.000 Zuschauer bot (Abb. 91 A). Es sind nur die neun untersten Sitzreihen erhalten. Die Bühne (Skene) scheint ab dem mittleren 3. Jh. v. Chr. eine variable Holzarchitektur besessen zu haben. Die Fundamente vor dem Theater gehören zu einer radial angeordneten Halle (sog. Thersileion), die 367 v. Chr. von Thersilios als überdachter Raum für die Versammlungen des Arkadischen Bundes gestiftet worden war (Abb. 91 B). Skene und Thersileion wurden wahrscheinlich im Jahr 223 v. Chr. anlässlich der Plünderung der Stadt durch Kleomenes III. zerstört, worauf man im 2. Jh. v. Chr. ein steinernes Bühnengebäude errichtete.

Die weiteren Baureste von Megalopolis befinden sich in einem zweiten Ausgrabungsareal nördlich des Helisson. Bereits Pausanias weist auf den Umstand hin, dass dieser das städtische Areal in zwei Teile geteilt habe (8, 30, 2). Dieses umfasst die Reste der Agora und des Hauptheiligtums für Zeus. Zur Agora gehörten gleich mehrere Hallen (Stoai), die alle von Pausanias (8, 30, 6–10) namentlich aufgezählt werden, – so die nach Philipp II. von Makedonien Philippeion genannte Halle (Abb. 91 H), die Stoa Myropolis (Abb. 91 G) für den Salbenverkauf (Myrrhe) und die Aristandreion heißende Halle (Aristandros war ein Bürger der Stadt und der Stifter dieses Baus) sowie ein Rathaus (Abb. 91 J). Während wir von der Myropolis-Halle nur noch die Fundamente der Innenstützen und eine Wand haben, ist die spätklassische Philipps-Halle an der Nordseite der Agora bei weitem besser erhalten. Das 156 m lange Gebäude besaß vorspringende, jeweils von Giebeln gekrönte Risalithe. Die an der Rückwand erkennbaren Nischen könnten für die Aufstellung von Statuen des

Literatur:

H. Lauter-Bufe, Die Stoa Philippeios in Megalopolis (2014)

Dies., Theater und Thersilion (2017)

Dies., Megalopolis – Eine griechische Stadt in Arkadien. Die Stoa Myropolis (2020)

Abb. 91 Plan von Megalopolis

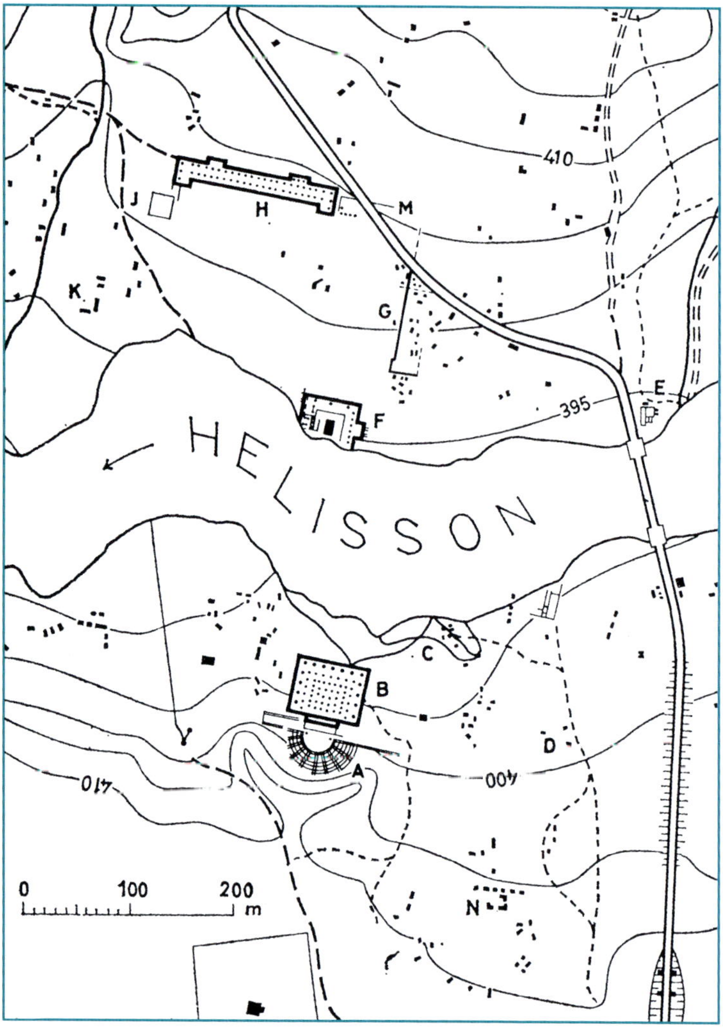

Stifters und seine Familie gedient haben. Die Halle ist dreischiffig gewesen. Hinter einer äußeren ersten dorischen Säulenstellung folgte eine zweite ionische und als drittes eine korinthische. Der baldachinartige Einbau im Westen könnte der Platz eines ranghohen römischen Beamten gewesen sein und ist erst später hinzugefügt worden. Pausanias (8, 30, 6) erwähnt als Anbau der Philipps-Halle eine kleinere Stoa mit sechs Amtsräumen. Bei dem rechteckigen Bau an der Nordwestecke der Agora handelt es sich eventuell um das ebenfalls von Pausanias erwähnte Rathaus (8, 30, 9). Es war in der römischen Kaiserzeit mit der Philipps-Stoa durch eine Säulenhalle verbunden. Dahinter erstreckten sich Wohnhäuser.

Im Süden der Agora schließt direkt der Heilige Bezirk für Zeus Soter (Retter) an, der als das Staatsheiligtum von Megalopolis bezeichnet werden kann (Abb. 91 F). Der Komplex besteht im Wesentlichen aus einem von Säulenhallen umstandenen Hof (Peristyl) mit dem monumentalen Altar in der Mitte. Der Haupteingang lag im Osten, ein zweiter im Norden. Leider fehlt die komplette Südseite, die vom Helisson weggeschwemmt wurde. Der eigentliche Tempel ist in die Westseite des Säulenhofes integriert, wodurch er wie ein Vorplatz wirkt. Die Tempelfront (Säulen zwischen den vorgezogenen Seitenmauern und darüber ein Giebel = sog. Antentempel) ragt leicht nach vorne. Mit dieser in der Spätklassik neuen architektonischen Lösung nahm man damals die spätere Gestaltung römischer Platzanlagen und insbesondere die der Kaiserforen in Rom vorweg. Pausanias konnte noch das Kultbild des Zeus bestaunen. Der Gott saß auf einem Thron. Flankiert wurde er von Standbildern der Personifikation der Stadt Megalopolis sowie der Artemis Soteira (Retterin). Die beiden Athener Bildhauer Kephisodotos und Xenophon hatten die Kultbildgruppe aus Marmor gearbeitet, der vom athenischen Pentelikon stammte (8, 30, 10).

Abb. 92 Theater von Megalopolis

Geradezu versteckt liegt in einer einsamen Bergregion ein Tempel, in dessen Cella eine ganze Reihe von Kultbildern stand, die in ihrer Monumentalität den kleinen Raum gleichsam zu sprengen drohten. Ein klassizistischer Meister des 2. Jhs. v. Chr. aus Messene namens Damophon hatte sie geschaffen. Größere Teile von ihnen haben die Zeiten überdauert und wurden ins Athener Nationalmuseum gebracht.

40 LYKOSOURA – SPRENGT DEN RAHMEN

Westlich von Megalopolis gelangt man über Choremis und Apiditsa in eine fast menschenleere Gegend nach Lykosoura. Die steile Stichstraße endet am Museum. Pausanias (8, 36, 9) gibt die Länge der Strecke mit 40 Stadien (etwas mehr als 7 km) an. Unter einem Hügel lag dort die Stadt Akakesion. Von hier waren es noch 4 Stadien (knapp 700 m) bis zum Heiligtum der Despoina (Herrin). Vor diesem befand sich gleichsam den Eingang bildend ein Tempel der Artemis Hegemone (Anführerin) mit einer 6 Fuß (ca. 1,80 m) hohen Bronzestatue, die Fackeln trug (8, 36, 10). Der weitere Weg auf der rechten Seite wurde von einer Halle flankiert, deren Wände mit vier marmornen Reliefs verziert gewesen sind. Das erste zeigte die Musen sowie Zeus als ihren Anführer (Moiragetes), das zweite den Raub des delphischen Dreifußes durch Herakles, das dritte Nymphen sowie Pane und das vierte Polybios. Zwischen den beiden ersten Darstellungen hatte das lokale Kultpersonal zusätzlich eine Tafel mit Festvorschriften angebracht (8, 37, 1–2). Vor dem eigentlichen Tempel standen Altäre für Demeter, Despoina und die Große Mutter (8, 38, 2). Pausanias äußert sich anschließend ausführlich zu der Kultbildgruppe (Abb. 93). Sie sei aus einem Stein gearbeitet, den man aufgrund eines Traumgesichtes direkt im Heiligen Bezirk aus der Erde geholt habe. Despoina und Demeter saßen auf einem Thron. Ihre Füße ruhten auf einem Schemel. Demeter hielt in ihrer Rechten eine Fackel; die Linke hatte sie auf Despoina gelegt. Diese wiederum ergriff mit ihrer linken Hand eine Fackel und die rechte hielt eine auf ihren Knien liegende Kiste fest. Neben Demeter stand die mit einem Hirschfell bekleidete – auf dem Rücken trug sie zudem einen Bogen – und von einem Jagdhund begleitete Artemis. In ihren Händen waren eine Fackel und zwei Schlangen zu sehen. Auf der anderen Seite wurde Despoina von dem in voller Rüstung erscheinenden Anytos flankiert, der als ihr Erzieher galt (Abb. 94). Alle Statuen waren Werke des Bildhauers Damophon, der aus Messene stammte (8, 37, 3–5). Dieser arbeitete im 2. Jh. v. Chr. in klassischer Manier. Beim Hinausgehen aus dem Kultbildraum konnte

Abb. 93 Reste der Kultbildgruppe aus dem Tempel in Lykosoura; Athen, Nationalmuseum

Abb. 94 Rekonstruktion der Kultbildgruppe von Lykosoura

man in einen Spiegel blicken, sah sich selbst dabei aber nicht, dafür die Götter umso deutlicher (8, 37, 7). Rechts oberhalb des Tempels erwähnt Pausanias noch ein Megaron, in dem die Arkader feierten und der Despoina reichlich Tieropfer darbrachten (8, 37, 8). Jenseits davon lag ein eingezäunter Heiliger Hain der Göttin mit vielen Bäumen, darunter einem Ölbaum sowie einer Steineiche aus einer Wurzel; und wiederum jenseits davon standen Altäre des Poseidon, der als Vater der Despoina galt, sowie anderer Götter (8, 37, 10). Von dort führte eine Treppe zum Heiligtum des Pan hinauf, in dem ein nie verlöschendes Feuer brannte (8, 37, 11). Zu sehen waren hier ferner ein Altar für Ares, eine Holz- sowie eine Marmorstatue der Aphrodite in einem Tempel sowie Holzbilder des Apollon und der Athena, die hier ebenfalls ein eigenes Heiligtum besitze (8, 37, 12). Abschließend erwähnt Pausanias noch einen höher liegenden Mauerring, in dem zu seiner Zeit noch einige Menschen gewohnt hätten (8, 38, 1).

Die vor Ort erhaltenen Baureste stammen aus spätklassischer bis römischer Zeit. Westlich des Museums befinden sich unterhalb der Akropolis die Ruinen eines hellenistischen Gebäudekomplexes mit einem dreigeteilten Brunnenhaus (quer gelagerte Vorhalle; von hier Wasserfluss zu einer weiter unten am Hang liegenden Zisterne). Ebenfalls westlich des Museums blieben die Reste eines einst monumentalen Altars mit dorischen Halbsäulen und vorspringenden Seitenrisalithen erhalten. Die Ruinen des Tempels liegen unterhalb auf einer gesonderten Terrasse. Dieser war kein Ringhallentempel. Er besaß nur an der Front sechs dorische Säulen, die dort zwischen den vorgezogenen Mauern standen. Auf den steinernen Sockelmauern sind Lehmziegelwände zu rekonstruieren. Von der breiten Kultbildbasis führte ein Seitenausgang zu einer neunstufigen breiten Tribüne, die den Hang stützte und zugleich Platz für Zuschauer der heiligen Rituale bot. Der gesamte Tempelvorplatz als auch die Vorhalle sind nicht leer gewesen. Es gab hier zusätzliche Statuenbasen und kleine Rundaltäre. Im Norden des Bezirks liegt eine Zisterne. In der Mitte der langen Terrasse sind Altäre für die hier verehrten Gottheiten platziert. Zur Talseite erhielt sie ihren Abschluss durch eine Säulenhalle. Im lokalen kleinen Museum können vor Ort einige wenige Reste der monumentalen Kultbildgruppe bzw. Gipsabgüsse der ins Athener Nationalmuseum verbrachten Originale studiert werden.

ZUM SCHLUSS – AGAMEMNON, NICHT ALLEIN ZU HAUS

Eine Reise zu den archäologischen Topsehenswürdigkeiten der Peloponnes wäre nicht vollständig ohne einen Besuch des Nationalmuseums in Athen. Der Grund hierfür ist ganz einfach. Im riesigen klassizistischen Gebäude werden viele der wichtigsten Funde aus den in diesem Führer vorgestellten Stätten präsentiert (Abb. 95). Es müssen abschließend einige allgemeine Hinweise auf das genügen, was alles zu sehen ist. Agamemnon, der im Museum mit seiner vermeintlichen Totenmaske zu den Stars der Ausstellung gehört, ist hier alles andere als allein zu Haus (Abb. 96). Vom Haupteingang aus schreitet man am besten zunächst auf ein mittigliegendes offenes Portal zu, das in den Saal mit den mykenischen Fundstücken führt (vgl. Abb. 95 Nr. 4). Die zahlreichen Vitrinen können die Fülle der wertvollen Objekte kaum fassen. Lassen sie sich nicht allein vom Gold wie der weltberühmten Maske des Agamemnon verführen, sondern studieren sie ebenso die nicht minder prachtvollen Stücke aus vielen anderen Materialien, zu denen auch figürliche Fresken

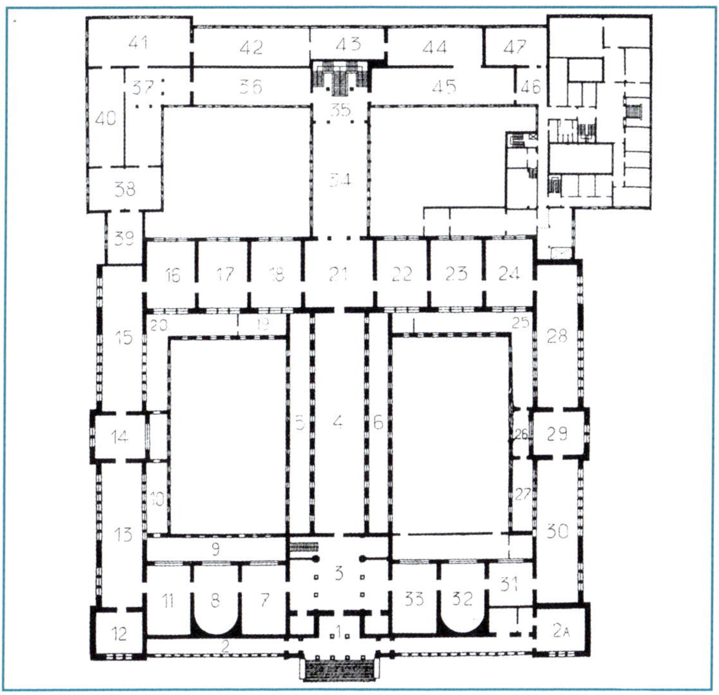

Abb. 95 Raumplan des Erdgeschosses des Archäologischen Nationalmuseums in Athen

Abb. 96 Sog. Goldmaske des Agamemnon aus Mykene; Athen, Nationalmuseum

gehören (vgl. Abb. 3). Im hinteren Bereich des Raumes sind die aus Vapheio stammenden beiden goldenen Becher ausgestellt (vgl. Abb. 64). Den Abschluss bildet ein weiteres Portal, an dem eine Halbsäule aus dem Schatzhaus des Atreus in Mykene steht.

Um diesen Mitteltrakt gruppieren sich im Erdgeschoss nicht wenige große, hauptsächlich der griechischen Bildhauerkunst von ihren Anfängen bis in römische Zeit vorbehaltene Räume, die links von der Haupthalle aus beginnend einer chronologischen Ordnung folgen. In ihnen lassen sich unter den beinahe zahllos zu nennenden, hier ausgestellten Stücken die Originale der Skulpturen, viele von der Hand bekannter Meister, aus den Heiligtümern von Argos (u. a. Kopf einer Herastatue), Epidauros (Giebelfiguren des Timotheos), Lykosoura (Kultbildgruppe des Damophon), Mantineia (Basis des Praxiteles), Mykene (früharchaische Metope) und Tegea (Giebelfiguren des Skopas) entdecken (v. a. in den Sälen Abb. 95 Nr. 7, 17, 22, 28, 29).

REISE- UND LESEHINWEISE

Zum Teil sehr gute Informationen bieten einschlägige Wikipedia-Artikel, die in einigen Fällen von Fachleuten verfasst wurden und bei der Erstellung des Textes zu diesem Reiseführer ausgiebig genutzt worden sind. Insbesondere zu nennen sind die vielen Websites, auf denen Wissenschaftlerinnen und Wissenschaftler ausführlicher über ihre Grabungen informieren. Auch diese Seiten hat der Verfasser dieses Reiseführers intensiv genutzt. Die dortigen Informationen sind an vielen Stellen in den Text eingeflossen.
Wer dagegen eher oder zusätzlich gedruckte Informationen bevorzugt, der sei auf den Dumont Kunstreiseführer, Peloponnes – Mykenische Paläste, antike Heiligtümer und venezianische Kastelle in Griechenlands Süden' von Lambert Schneider (3. Aufl. 2011) hingewiesen. Dieses Buch bildet die Grundlage für die Textgestaltung des vorliegenden Reiseführers.

Neueste praktische Reisetipps (Anfahrt, Hotels, Restaurants etc.) sind zu finden in den einschlägigen Bänden der stets sehr gut recherchierten Reisehandbücherreihe des Michael-Müller-Verlags. Für die Peloponnes ist dies derzeit: Peloponnes von Hans-Peter Siebenhaar (14. Aufl. 2021).

Eine Fülle historischer, aber auch archäologischer Informationen bieten unter dem jeweiligen Ortsnamen die beiden Lexika: Griechenland – Lexikon der historischen Stätten von den Anfängen bis zur Gegenwart, herausgegeben von Siegfried Lauffer (1989), Der Neue Pauly – Enzyklopädie der Antike, herausgegeben von Hubert Cancik u. a. (Bände 1–12, 1996–2003).

Die wichtigsten archäologischen Informationen sind zusammengestellt in: Griechenland – Ein Führer zu den antiken Stätten, von Peter Cornelis Bol, Wolf-Dietrich Niemeier und Robert Strasser (1. Aufl. 1998). Dieses Buch kann wegen seiner Handlichkeit auf Reisen gut mitgeführt werden.

Gute Informationen zu Argos, Bassai, Epidauros, Heraion von Argos, Isthmia, Kenchreai, Korinth, Lerna, Mantineia, Megalopolis, Messene, Mykene, Nemea, Olympia, Perachora, Pylos, Sikyon, Sparta, Tegea und Tiryns findet man in: Das antike Griechenland aus der Luft, von Raymond V. Schoder, S. J. (2. Aufl. 1975).

Reisende sollten ferner unbedingt die von Felix Eckstein und Peter Cornelis Bol herausgegebene Ausgabe von Pausanias, Reisen in Griechenland, in der Übersetzung von Ernst Meyer nutzen (3 Bände, 1986–1989). Der Text des kaiserzeitlichen (2. Jh. n. Chr.) Reiseschriftstellers, des ‚Baedekers der Antike', ist hier zusätzlich archäologisch kommentiert.

Zu empfehlen ist schließlich eine vom griechischen Ministry of Culture, Archaeological Receipts Fund, herausgegebene und meist vor Ort erhältliche Reihe von Reiseführern (viele in englischer, einige sogar in deutscher Sprache) zu wichtigen Fundstätten sowie Museen. Diese sind in der Regel von den jeweils zuständigen Archäologinnen bzw. Archäologen verfasst und bieten stets profunde Sachinformationen nebst ansprechendem Karten- sowie Bildmaterial. Für die Textgestaltung genutzt wurde v. a.: Das antike Messene von Petros G. Themelis (1. Aufl. 2003).

Der Autor des vorliegenden Reiseführers hat die oben und im Buch genannten gedruckten sowie digitalen Quellen für die eigene Textgestaltung ausgiebig genutzt, ohne dass er dies im Text im Einzelnen kenntlich machen konnte.

Bildnachweis: Trotz sorgfältiger und intensiver Recherche war es nicht in allen Fällen möglich, die Urheberrechte zu ermitteln. Wir danken für jeden Hinweis, sollten Fehler, Mängel enthalten sowie Rechtsansprüche Dritter unberücksichtigt geblieben sein. **D. Diffendale, CC BY-NC-SA 2.0:** Abb. 92; **H. Froning (Hg.), Kotinos (1992) S. 21 Abb. 1:** Abb. 66; **H. R. Goette, Athen, Attika, Megaris (1993)**: Abb. 11 (S. 242 Abb. 87), Abb. 13 (S. 253 Abb. 91); **E. Kirsten – W. Kraiker, Griechenlandkunde (4. Aufl. 1962):** Abb. 51 (S. 343 Abb. 96), Abb. 68 (S. 412 Abb. 114), Abb. 89 (S. 396 Abb. 110), Abb. 91 (S. 420 Abb. 116); **H. Knell, Mythos und Polis (1990) S. 152 Abb. 241–243:** Abb. 76; **A. Mallwitz, Olympia und seine Bauten (1972) S. 314 Abb. 239:** Abb. 78; **Sp. Marinatos, Kreta, Thera und das mykenische Hellas (2. Aufl. 1973):** Abb. 37 (S. 161 Abb. 24), Abb. 40 (S. 161 Abb. 26), Abb. 44 (S. 167 Abb. 35); **T. Mattern, Das Herakles-Heiligtum, Kleonai 1 (2015) Einband:** Abb. 31; **St. G. Miller, Nemea (2004) S. 92–93 Abb. 60:** Abb. 32; **S. Müth, Eigene Wege (2007) Beilage:** Abb. 73; **S. Papaspyridi-Karouzou, National Archaeological Museum (1968) S. 20 Abb. 3:** Abb. 95; **G. D. R. Sanders u. a., Ancient Corinth (2018) Taf. 1:** Abb. 20; B. Steinmann (Red.), Mykene (2018): Abb. 69 (S. 136), Abb. 70 (S. 143), Abb. 71 (S. 142), Abb. 74 (S. 93); **A. Stewart, Greek Sculpture (1990) Abb. 788:** Abb. 94; **R. A. Tomlinson, Epidauros (1983) S. 42 Abb. 5:** Abb. 59; **Wikimedia Commons:** Abb. 1 (Roccuz, GNU GPL), Abb. 2, 4, 64 (Zde, CC BY-SA 3.0), Abb. 3, 5, 9 (public domain), Abb. 6 (Marie-Lan Nguyen, CC BY 3.0), Abb. 7 (Ken Russell Salvador, CC BY 2.0), Abb. 8 (NPG, public domain), Abb. 10 (O.Mustafin, CC0 1.0), Abb. 12 (Donarreiskoffer, CC BY-SA 4.0), Abb. 14, 17, 93 (George E. Koronaios, CC0 1.0), Abb. 15 (Sanbec, CC BY-SA 4.0), Abb. 16, 36, 48, 62, 86 (Heinz Schmitz, CC BY-SA 2.5), Abb. 18–19 (Zde, CC BY-SA 4.0), Abb. 21 (elveoflight, public domain), Abb. 22–23, 38 (MM, public domain), Abb. 24 (George E. Koronaios, CC BY-SA 4.0), Abb. 25 (Vancouverquadra, public domain), Abb. 26 (elveoflight, CC BY 2.5), Abb. 27, 29–30, 34, 42, 50, 54, 56–57, Bild S. 31 (Schuppi, CC BY-SA 4.0), Abb. 28, 35, 85 (Carole Raddato, CC BY-SA 2.0), Abb. 33 (Wlodek Kaluza fotorion.de , CC BY-SA 3.0), Abb. 39, 58 (Andreas Trepte, CC BY-SA 2.5), Abb. 41 (Klearchos Kapoutsis, CC BY 2.0), Abb. 43 (Nick Stenning, CC BY-SA 2.0), Abb. 45 (Elisa Triolo, CC BY-SA 2.0), Abb. 46 (C messier, CC BY-SA 4.0), Abb. 47 (Stellea, CC BY-SA 3.0), Abb. 49 (Egerváry Gergely, CC BY 3.0), Abb. 52 (Sarah Murray, CC BY-SA 2.0), Abb. 53 (Davide Mauro, CC BY-SA 4.0), Abb. 55 (Schuppi, CC BY-SA 3.0), Abb. 60 (Michael F. Mehnert, CC BY-SA 3.0), Abb. 61 (Ronny Siegel, CC BY 3.0), Abb. 63 (Mark Landon, CC BY-SA 4.0), Abb. 65 (Archeology Wiki), Abb. 67 (Koppi2, GFDL 1.2), Abb. 72 (Holger Uwe Schmitt, CC BY-SA 4.0), Abb. 75 (Mark Landon, CC0), Abb. 77 (Sarah Murray, CC BY 2.0), Abb. 79 (Karta24, CC BY 2.5), Abb. 80 (Ingo Mehling, CC BY-SA 3.0), Abb. 81 (KPFC, CC BY-SA 3.0), Abb. 82 (Angela Monika Arnold, CC BY 3.0), Abb. 83 (Joanbanjo, CC BY-SA 3.0), Abb. 84 (Dwaisman, CC BY-SA 4.0), Abb. 87 (Owaaitza, CC BY-SA 4.0), Abb. 88 (Sp!ros, CC BY-SA 4.0), Abb. 90 (Gregor Hagedorn, CC BY-SA 4.0), Abb. 96 (Marco Del Torchio 95, CC0), Karte S. 8–9 (Fremantleboy), Bild S. 20 (Mietek Ł, CC BY-SA 3.0), Bild S. 70 (Ulrichstill, CC BY-SA 4.0), Bild S. 116 (Papadothomakos, CC BY-SA 3.0), Bild S. 129 (Grzontan, CC BY-SA 3.0), Bild S. 140 (Jimzoun, CC BY-SA 4.0), Bild S. 158 (Αρκάς, CC BY-SA 4.0).